¿Extremos o Equilibrio?

por Betty Miller

Primera Edición Publicada 1980
Segunda Impresión 1982
Tercera Impresión 1983
Cuarta Impresión 1984
Quinta Impresión 1987
Sexta Impresión 1988
Séptima Impresión 1989
Octava Impresión 1994
Novena Impresión 2001
Décima Impresión 2003 Impresa a Pedido

¿Extremos o Equilibrio?

Derechos de Autor © 1980-2014

ISBN 978-1-57149-039-1

CHRIST UNLIMITED MINISTRIES, INC.

Pastor R.S. "Bud" Miller – Publicador
P.O. Box 850
Dewey, Arizona 86327
Todos los Derechos Reservados. Impreso en EE.UU.

Las citas bíblicas son tomadas de la versión Reina Valera a menos que se indique lo contrario.

Tabla de Materias

Prefacio .... *vii*
Prólogo .... *ix*
Créditos y Reconocimientos .... *x*
Introducción .... *xi*
¿Extremos o Equilibrio? *1*
Los extremos traen división 1
El bautismo del Espíritu Santo 1
Énfasis en el que da y no en el don 2
Cayendo bajo el poder 3
Vista de la Iglesia de los que están afuera 6
Expresiones del Espíritu Santo 7
El bautismo en agua 8
El bautismo dentro del Espíritu Santo 9
El Espíritu Santo es un don 11
Celo sin conocimiento 12
Parábola de hornear un pastel 13
Ingrediente: Reclamando la Palabra de Dios 14
Ingrediente: Confesiones de la boca 15
"Mi Lista de Nunca Más" 17
Ingrediente: Fe 20
Ingrediente: Obediencia 24
Ingrediente: Comunión con Dios 26
Ingrediente: Motivos 27
Ingrediente: Sabiduría 29
Ingrediente: Alabanza 31
Ingrediente: Ayuno 35
Paciencia y resistencia 36
Nota Posterior *40*
Para Estudio Adicional *41*
Propósito y Visión *46*

Prefacio

Saludos en el nombre de nuestro Señor Jesucristo:

Presento este libro para al cuerpo de Cristo como el Espíritu Santo me lo presentó. Te reto a que permitas que el Espíritu de la verdad de Dios, y la Biblia, confirmen la exactitud de las palabras contenidas en estas páginas. Este libro forma parte de un curso completo de estudios sobre el estudio de la Biblia llamado Sobreponiéndose a la Vida. Esta serie es una "caja de herramientas espirituales" ya que cubre una multitud de temas que enfrenta cada cristiano en su caminar con Dios. También responde a las preguntas que muchos creyentes tienen con respecto al movimiento actual sobre Dios. Estos son tratados en un enfoque equilibrado y a la luz de las Escrituras. ¡El pueblo de Dios no está para vivir frustrado, derrotado en vida, sino que están para ser vencedores victoriosos! Para un estudio más profundo, cada uno de estos libros tiene un cuaderno de trabajo disponible en versión impresa. Este libro y serie también se dirige a todos los buscadores de la verdad que no conocen AL CRISTO ILIMITADO, ya que sería un privilegio para mí presentarle a Él.

Durante los primeros años de ministerio, se me dificultaba como aprender a escuchar la voz de Dios. Una vez, mientras nerviosamente esperaba hablar ante una gran audiencia, y no estaba segura sobre qué tema debería de hablar, le hice rezándole al Señor esta pregunta: "Señor, ¿qué voy a decirle a toda esta gente?" En mi espíritu, le oí responder muy claramente, "Betty, yo tenía la esperanza de que no dijeras nada, ya que yo tenía muchas ganas de hablar". Sí, Él quiere hablar a través de nosotros, cuando nos entregamos a Su Espíritu. Me di cuenta que al entregarse al Señor y con la guía del Espíritu Santo no solo son posibles, sino que son el único camino que Él quiere que hagamos su ministerio. **"Porque no sois vosotros los que habláis, sino el Espíritu de vuestro Padre que habla en vosotros" (Mateo 10:20).**

Este libro es un obsequio del Espíritu Santo. No tomo ningún crédito por este libro. Si algo en estas páginas te bendice, te ilumina, te acerca a Dios, te libera del miedo o de la esclavitud, o te cura o te entrega, por favor eleva tu voz en alabanza al precioso Salvador de nuestras almas, ¡Jesucristo nuestro Señor! Si por otro lado, tú encuentras alguna de estas cosas difícil de recibir, difícil de entender, o totalmente herética desde tu punto de vista, te alentamos a buscar al Señor y preguntarle si esto podría ser la verdad. Con el corazón abierto y sincero, ¿le pedirías a Dios que te ayude a cambiar tus ideas preconcebidas, y a liberte de las tradiciones para recibir de Él, Su verdad? Su verdad siempre trae libertad, nunca la esclavitud. **"Y conoceréis la verdad, y la verdad os hará libres" (Juan 8:32).**

Al caminar con el Señor, he encontrado que debemos obedecer las cosas que nosotros sentimos que Él nos está diciendo. En mi vida personal, yo solía tener miedo de hablar por el Señor, porque tenía mucho miedo de perderle y de cometer errores. Él, por supuesto, ahora me ha liberado de todos mis temores. ¡Alabado sea Él! Él me ha animado a no renunciar debido a los errores, cuando me dijo estas palabras: "Betty, si recibo la gloria y la alabanza por todas las cosas que son una bendición para la gente, también recibo la responsabilidad por tus errores, siempre y cuando está tratando de complacerme. Yo soy capaz de hacer incluso esta tarea para tu bien". **"Y sabemos que todas las cosas ayudan a bien a los que aman a Dios, a los que son llamados conforme a su propósito" (Romanos 8:28).** ¡Servimos a un maravilloso, amoroso Dios, que nos anima a seguirlo y obedecerlo para que podamos ser bendecidos, y a su vez bendigamos a los demás!

Este libro fue escrito como un acto de obediencia hacia el Señor, a quien amo mucho. Considero un honor el escribir para El. Hace años, cuando estaba en oración, el Señor me dijo que yo iba a escribir un libro, pero nunca sentí que era el tiempo apropiado para Dios, ni tampoco sentí la unción para comenzar este trabajo hasta ahora. Durante el año pasado Dios ha realizado una serie de milagros para confirmar que este es el tiempo para Él, y ha realizado los arreglos para que esto sea una realidad.

Rezo para que este libro, junto con la serie de Sobreponiéndose a la Vida, pueda ayudarte a aprender como caminar más cerca de nuestro Señor, ya que Él es el ¡CRISTO ILIMITADO!

Soy por Su amor,
Un siervo del Señor,

Betty Miller
Febrero, 1980

"Si alguno quiere hacer su voluntad, conocerá si la doctrina es de Dios, o si yo hablo de mí mismo" (Juan 7:17).

Prólogo

Me pareció natural que yo escribiera la introducción de este libro ya que mi esposa, Betty, y yo, somos "una sola carne." Dios, por medio del Espíritu Santo, ha dado por revelación a Betty muchas verdades sobre Su Palabra, que han sido presentados en este libro.

El Señor le hablo a Betty hace como diez años diciéndole que ella iba a escribir un libro para Él, y que Él arreglaría el momento y el lugar correcto para escribirlo. Betty simplemente tomo esta visión y la mantuvo a un lado hasta que Dios empezó a "despertar" su espíritu para impulsarla hacia este libro. Una mañana, muy temprano, Betty se despertó, y comenzó a escribir como el Señor le iba dictando. Al darle esta pequeña porción del libro, le mostró que, a través de la entrega a su Espíritu, y el rendimiento completo a Él, Él la alimentaria con el mensaje que quiso compartir con el cuerpo de Cristo. Él también le revelo que tan rápido y fácil sería terminado el libro. Los mensajes que Dios ha dado en esta serie de Sobreponiéndose a la Vida son para todos los que quieren ser vencedores y que quieren ser "conformes a la imagen de su Hijo" (**Romanos 8:29**). Nuestro Señor no está satisfecho de que una persona siga siendo un "bebé" en Cristo, pero anhela que cada "bebé" crezca y llegue a la madurez. Él desea que debiéramos tratar de convertirnos en vencedores, vivir la vida que vence, y reclamar las promesas de la herencia de todas las cosas que han de entregarse a los vencedores.

Agradezco a Dios que Él me ha permitido compartir tal amor tan estrecha y la compañía de Betty. Yo sé que dentro de su corazón, ella no tiene ambiciones personales, no con fines personales para lograr esta obra. Betty simplemente ha estado haciendo la voluntad del Padre en la redacción de este libro ungido. Que el Señor te bendiga con este libro, como Él nos ha bendecido al ser parte de Su obra.

Suyo en Cristo,

Pastor R.S. "Bud" Miller

"El que venciere heredará todas las cosas; y yo seré su Dios y él será mi hijo" (Apocalipsis 21:7).

Créditos y Reconocimientos
¡Toda la alabanza y mérito es para **el Cristo Ilimitado**!

Verdaderamente Cristo, el Padre, y el Espíritu Santo son merecedores de alabanza, no sólo por este libro, sino por nuestras propias vidas. Su sacrificio en el Calvario hizo posible conocer a Él y a todos los miembros de la familia de Dios.

Al igual que con la impresión de cualquier libro, hay una gran cantidad de gente responsable por las palabras en estas páginas, palabras físicas así como a las palabras espirituales. Todas las personas que alguna vez han sido parte de mi vida, todas las personas que han orado y apoyado este ministerio, mis amigos y mi familia han realmente contribuido con esta obra. Especial crédito se debe dar a mi marido, Bud, puesto que sus fieles y oraciones amorosas, su ánimo, y liderazgo, y su amor son una gran parte de este libro. Además, quiero expresar mi gratitud a todos cuyos libros y artículos he leído, a los ministros del Evangelio, cuyos sermones he escuchado, ya que cada uno de ellos ha contribuido, en cierta medida, a este libro. La lista es interminable, pero la eternidad tiene los registros. Así que en lugar de nombrar a las personas individualmente en esta página y darles crédito terrenal, prefiero que el Señor Jesucristo recompense a cada uno, de la manera que sólo Él puede hacerlo. Que Dios los bendiga a todos, y que se sorprendan al abrir la caja que contiene sus tesoros celestiales.

"Porque el Hijo del Hombre vendrá en la gloria de su Padre con sus ángeles, y entonces pagará a cada uno conforme a sus obras" (Mateo 16:27).

Introducción

¿Extremos o Equilibrio? es el octavo libro dentro de la **Serie de Sobreponiéndose a la Vida**, y mira a tantas cosas que están fuera de equilibrio que suceden en el Cuerpo de Cristo dentro de la luz de la Palabra de Dios. Este libro, junto con su cuaderno de trabajo, no toma una actitud crítica hacia los individuos que promueven estas cosas, sino que busca alertar a los cristianos a probar y a discernir todas las cosas de acuerdo a la Palabra de Dios.

Muchos cristianos han lastimado la causa de Cristo a través de enseñanzas y demostraciones que están fuera de equilibrio. *¿Extremos o Equilibrio?* busca el enseñar a los creyentes como evitar esas áreas y caminar con equilibrio. Este libro trata con algunos de los excesos más serios y extremos dentro del Cuerpo de Cristo.

¿Extremos o Equilibrio? provee a los creyentes las guías y la ayuda para ser capaces de aprender a como juzgar sin convertirse en un crítico. El Mismo Señor nos advierte a nosotros como Cristianos a **"...Tener cuidado de los hombres" (Mateo 10:17).** Todas las cosas hechas en nombre del Señor no necesariamente vienen de Él. Este libro te ayudará a discernir sin ser temeroso o crítico.

¿Extremos o Equilibrio?

"El peso falso es abominación a Jehová; mas la pesa cabal le agrada" (Proverbios 11:1).

Los extremos traen división

La balanza ha sido siempre la representación del equilibrio, la justicia y la igualdad. El versículo de Proverbios nos dice que cuando el peso es falso se vuelve pecaminoso. Hoy son muchas las cosas que están "fuera de equilibrio" en lo que respecta a la verdad de las enseñanzas bíblicas y, por lo tanto, también se han vuelto pecaminosas a los ojos de Dios. Es mucha la gente que sólo toma porciones de la Palabra de Dios y elabora con ellas doctrinas sin tomar en cuenta otras partes que aportan equilibrio a aquellas que están propagando. Esto siempre resulta en error por cuanto se han tomado en puntos de vista extremos de la Palabra de Dios. Gran parte de la división en el cuerpo de Cristo se debe a este problema.

Quienes están fuera del cuerpo de Cristo también son afectados porque ven, dentro de la iglesia, aquellas cosas que no deberían existir y entonces no quieren ser parte del cristianismo a causa de tales extremos. Cuando la gente sale de equilibrio en ciertas áreas, hace que otros también se apartan de Jesús en lugar de ser atraídos a Jesús. En algún momento, todos hemos sido culpables de esto porque no siempre resulta fácil caminar en perfecto equilibrio con el Señor.

Sin embargo, el deseo del Espíritu Santo es que aprendamos a andar en equilibrio porque es la única manera en que alcanzaremos la perfección. Cuando el Espíritu Santo está haciendo algo nuevo, a veces el péndulo se mueve demasiado lejos en una dirección porque la gente se siente ansiosa por escuchar y practicar las nuevas verdades. No obstante, una vez aprendidas, es importante volver al equilibrio porque, de lo contrario, estas personas caerán en extremos que causarán conflictos en sus vidas.

El bautismo del Espíritu Santo

Un buen ejemplo de esto sería el reciente movimiento del Espíritu Santo referido al "hablar en lenguas". La iglesia prácticamente ha perdido la verdad del bautismo en el Espíritu Santo y el hablar en lenguas. Los pentecostales eran casi los únicos que aún llevaban esta "antorcha". Mucha gente de la iglesia denominacional jamás ha oído acerca de los preciosos dones del Espíritu Santo. Dios vio la necesidad de que esta hermosa verdad fuera restituida a toda Su iglesia y entonces comenzó a derramar Su Santo Espíritu sobre todo Su pueblo sin tomar en cuenta la iglesia a la cual pertenecían, y muchos recibieron y comenzaron a "hablar en lenguas" y a "alabar al Señor".

"**Y en los postreros días, dice Dios, derramaré de mi Espíritu sobre toda carne, y vuestros hijos y vuestras hijas profetizarán, vuestros jóvenes verán visiones, y vuestros ancianos soñarán sueños; y de cierto sobre mis siervos y sobre mis siervas en aquellos días derramaré de mi Espíritu, y profetizarán**" (Hechos 2:17 y 18).

"**Pedro les dijo: Arrepentíos, y bautícese cada uno de vosotros en el nombre de Jesucristo para perdón de los pecados; y recibiréis el don del Espíritu Santo. Porque para vosotros es la promesa, y para vuestros hijos, y para todos los que están lejos; para cuantos el Señor nuestro Dios llamare**" (Hechos 2:38 y 39).

"**Mientras aún hablaba Pedro estas palabras, el Espíritu Santo cayó sobre todos los que oían el discurso. Y los fieles de la circuncisión que habían venido con Pedro se quedaron atónitos de que también sobre los gentiles se derramase el don del Espíritu Santo. Porque los oían que hablaban en lenguas, y que magnificaban a Dios**" (Hechos 10:44-46)

Pedro profetizaba que el bautismo con el Espíritu Santo estaría disponible para "todos" los creyentes en los últimos días.

Énfasis en el que da y no en el don

La expresión "los últimos días" alude al tiempo entre el primer advenimiento (el nacimiento de Cristo) y el segundo advenimiento (la venida de Jesús) para establecer Su reino. Por lo tanto, estamos viviendo en los postreros días. El primer advenimiento ya ha ocurrido y Jesús vuelve pronto a establecer Su reino. Es evidente que el bautismo en el Espíritu Santo está siendo derramado hoy sobre todos los que le reciben. Muchos que lo están recibiendo se sienten tan extremadamente gozosos con esta hermosa experiencia que, con gran entusiasmo, la comparten con otros. A causa de este entusiasmo, muchas veces se enfatiza el "hablar en lenguas" más allá de la intención del mismo Espíritu Santo. Así entonces se sobre acentúa el "hablar en lenguas" en vez de destacar el verdadero don del Espíritu Santo, el cual se hace pleno a través de Su Presencia.

Este énfasis fuera de equilibrio hace que sean más importantes los "dones" que Él quien los da. La presencia del Espíritu Santo es siempre más importante que la evidencia de esa presencia. Necesitamos tanto la naturaleza de Dios (amor) como el poder de Dios (Sus dones). No deberíamos enfatizar ninguno de ellos al punto de salirnos de equilibrio. El Señor quiere que toda Su iglesia disfrute de la totalidad de Sus bendiciones y Sus dones. En lugar de esto, aquellos que reciben los dones muchas veces miran con cierto aire de orgullo a quienes no conocen las bendiciones de Pentecostés. Por otra parte, los que no han experimentado el bautismo en el Espíritu Santo a menudo miran a quienes "hablan en lenguas" con cierto distancia, particularmente cuando no han buscado al Señor en cuanto a esta experiencia. El mundo de los no creyentes ve una iglesia dividida y confundida. Por lo general, la iglesia evangélica de hoy se divide en tres grupos diferentes: carismáticos, pentecostales y denominacionales.

La mayoría de los Pentecostés que están fuera ve al movimiento carismático como un grupo de gente extraña que danza, aplaude, canta mientras se manifiesta una serie de dones poco comunes. Muchas sanidades y milagros se evidencian mientras se enfatizan las bendiciones del hombre físico. La palabra "carismático" deriva del vocablo griego "charizomai" que significa fundamentalmente "conceder o impartir los dones de Dios". El hombre moderno ha tomado esta palabra para aludir a alguien especialmente "dotado" de talentos, personalidad, etc. El Nuevo Testamento usa la palabra "carisma" y sus derivados aproximadamente cuatrocientas veces. Los carismáticos acentúan las manifestaciones físicas de los dones de Dios.

Cayendo bajo el poder

Quienes miran desde fuera a los pentecostales dicen, por lo general, que son personas demasiado emotivas porque lloran, gritan y se caen. De aquí que se los conozca como los "Santos Rodantes".

Dado que los "de afuera" no tienen entendimiento le las cosas espirituales, no se dan cuenta de que el fenómeno de "caer" bajo el poder de Dios es bíblico.

Por largo tiempo, los pentecostales han sostenido la "antorcha" del bautismo en el Espíritu Santo acompañado con las manifestaciones del "hablar en lenguas" y "caer bajo el poder" del Espíritu. Ahora también los carismáticos la han tomado pero, por muchos años, sólo los pentecostales se adhirieron a estas verdades. Fueron fieles a pesar de la fuerte persecución. Con frecuencia la gente los llamaba "Santos Rodantes" como parte de esa persecución.

¿Qué es el "caer bajo el poder" del Espíritu Santo que hace que la gente se caiga? En primer lugar deberíamos mencionar lo que no es. No es un "símbolo de autoridad" cuando sucede en el ministerio de alguien. Es simplemente una manifestación del Espíritu Santo. El poder de Dios se vuelve tan intenso a veces que hace que la gente caiga bajo él. Por eso es común escuchar la expresión "caer bajo el Poder". Este hecho se registra a lo largo de la Biblia y muchas personas lo han experimentado.

Quizás el relato más conocido en la Biblia sea el de Pablo "cayendo" en el momento de su conversión. **"Mas yendo por el camino, aconteció que al llegar cerca de Damasco, repentinamente le rodeó un resplandor de luz del cielo; y cayendo en tierra, oyó una voz que le decía: Saulo, Saulo, ¿por qué me persigues?" (Hechos 9:3 y 4).** El propósito de esta manifestación particular era aprehender a Pablo de tal forma que el Señor pudiera hablarle.

También Juan vivió una experiencia de "caer bajo el poder de Dios" mientras estaba en la isla de Patmos. Cuando Jesús se le apareció para darle Su revelación, Juan no pudo mantenerse en pie. **"Cuando le vi, caí como muerto a sus pies. Y él puso su diestra sobre mí, diciéndome: No temas; yo soy el primero y el último; y el que vivo, y estuve muerto; mas he aquí que vivo por los siglos de los siglos, amén. Y tengo las llaves de la muerte y del Hades" (Apocalipsis 1:17 y 18).** Jesús dijo a Juan que no tuviera temor mientras esto sucedía. De la misma manera hoy es necesario que no temamos al Poder del Espíritu Santo porque es un Espíritu que da vida. Mucha gente que cae bajo el poder es fortalecida y recibe instrucción o revelación en ese momento, tal como sucedió con Pablo y con Juan.

Otro propósito de esta manifestación es el poder de protección. El Señor protegió a Jesús cuando los soldados se acercaron para arrestarle. No lo tomaron por la fuerza como habían planeado, sino que Jesús fue por su propia voluntad. Cuando intentaron obligarlo, vemos que el poder de Dios les hizo caer al suelo.

"Judas, pues, tomando una compañía de soldados, y alguaciles de los principales sacerdotes y de los fariseos, fue allí con linternas y antorchas, y con armas. Pero Jesús, sabiendo todas las cosas que le habían de sobrevenir, se adelantó y les dijo: ¿A quién buscáis? Le respondieron: A Jesús nazareno. Jesús les dijo: Yo soy. Y estaba también con ellos Judas, el que le entregaba. Cuando les dijo: Yo soy, retrocedieron, y cayeron a tierra" (Juan 18:3-6).

Otra instancia en que ocurre este fenómeno es durante el culto o el servicio. La gloria de Dios desciende sobre Su pueblo mientras le alaban y bendicen. **"Y cuando los sacerdotes salieron del santuario, la nube llenó la casa del Señor. Y los sacerdotes no pudieron permanecer para ministrar por causa de la nube; porque la gloria de Jehová había llenado la casa del Señor" (1 Reyes 8:10 y 11).**

Muchos han recibido sanidad mientras estaban "bajo el poder" de Dios. Dios usó este poder como el primer anestésico cuando tomó una de las costillas de Adán para crear a la mujer. **"Entonces Jehová Dios hizo caer sueño profundo sobre Adán, y mientras éste dormía, tomó una de sus costillas, y cerró la carne en su lugar. Y de la costilla que el Señor Dios tomó del hombre, hizo una mujer, y la trajo al hombre" (Génesis 2:21 y 22).** Otras menciones del "caer bajo el poder" a lo largo de la Biblia. **Mateo 28:4, Daniel 10:8-9, y Mateo 17:6** son solo unas de ellas.

Cuando sucede esta manifestación puede ser mal usada si no se aplica la sabiduría de Dios; es por esto que algunos se ofenden. Deberíamos ser sensibles al Espíritu cuando esto sucede, y no deberíamos resistir esta manifestación ni tratar de explotarla. Si se usa como un "espectáculo", ciertamente no está bajo el liderazgo del Señor. La fe puede producir esta manifestación y en algunos ministerios se la usa sin sabiduría. El Espíritu Santo debe estar siempre al control y, si Él quiere que suceda, entonces nosotros debemos regocijarnos. Sin embargo, si no sucede, no significa que el Espíritu Santo no está presente. Él se manifiesta a Sí mismo de maneras diversas en momentos diferentes. Aunque los pentecostales han debido soportar el embate de muchos abusos verbales por causa de este fenómeno, permanece como una preciosa bendición del Espíritu Santo. Todo aquel que alguna vez haya "caído bajo el poder" dará testimonio de este hecho.

Vista de la Iglesia de los que están afuera

Quienes ingresan a las denominaciones generalmente las perciben como "muertas" con servicios programados orientados solo al intelecto. Se esfuerzan por ofrecer buenos programas y sermones. El intelecto se enfatiza en la mayoría de las iglesias denominacionales, mientras los pentecostales enfatizan el aspecto emocional mientras los carismáticos acentúan todas las manifestaciones físicas. Debemos tener en cuenta que estamos mirando la iglesia desde el punto de vista del mundo en estas denominaciones porque nosotros sabemos que no "todas" las iglesias denominacionales, ni "todas" las pentecostales o "todas" las carismáticas se adecuan exactamente a estas categorías. En todos los grupos existen iglesias individuales equilibradas y verdaderamente guiadas por el Espíritu.

El Espíritu de Dios está haciendo algo nuevo en estas últimas horas. Está quitando el énfasis de las iglesias para ponerlo sobre los individuos creyentes que forman la verdadera Iglesia que es el cuerpo de Cristo. El Espíritu Santo está cruzando todas las barreras denominacionales y trayendo a Su pueblo a la unidad. Puesto que Jesús vuelve por una Iglesia que es santa y sin mancha, Él está ahora en el proceso de limpiarla. **"A fin de presentársela a sí mismo, una iglesia gloriosa, que no tuviese mancha ni arruga ni cosa semejante, sino que fuese santa y sin mancha"** (Efesios 5:27). El Espíritu Santo está quitando aquellas cosas que le desagradan a Él para entregar otras que son gloriosas a Su pueblo. Él quiere ministrar a Su pueblo en cada área para que ellos puedan convertirse en una unidad.

Dios no creó una iglesia desequilibrada. Él quiere ministrar al intelecto del hombre, pero también a los aspectos emocionales y físicos. Él quiere ministrar a cada área de nuestra vida: espíritu, alma y cuerpo. Por lo tanto, en lugar de permitir a Satanás que utilice las diferencias en nuestras expresiones del culto, deberíamos aprender a recibir la verdad el uno del otro y pedir a Dios que nos equilibre en todas las áreas,

Expresiones del Espíritu Santo

El Espíritu Santo es una persona y, en cuanto tal, Él se expresa a Sí mismo en diversas formas de culto. Deberíamos aceptar todas aquellas que son verdaderamente expresiones de Su naturaleza multifacética y rica. A veces el aspecto gozoso de Su naturaleza se pone de manifiesto y la gente siente deseos de aplaudir, gritar, danzar y cantar. Otras veces el "humor del Espíritu" es de quietud reverente. Una santa calma durante la cual permanecemos en silencio delante del Señor. El Espíritu de Dios se manifiesta como una "suave paloma".

Hay veces también en que el Espíritu Santo muestra Su corazón dolorido ante alguna situación y la gente gime en el Espíritu y el Espíritu de dolor desciende sobre todos los pueblos. Sollozan y lloran a medida que el Espíritu les guía, por causa de alguna carga o pecado. El Espíritu Santo no se manifiesta de la misma manera cada vez. Debemos aprender a fluir con el "humor del Espíritu". Las iglesias que no permiten el movimiento del Espíritu no tienen Su guía y, por lo tanto, no pueden ser agradables a Él.

En esta hora, el Señor está intentando guiar a Su pueblo a experiencias reales y significativas. Deberíamos ser sensibles al Espíritu Santo y permitirle que dirija nuestro culto y evitar la tendencia a volvernos conformistas con un sólo método. Deberíamos experimentar cada uno de los diferentes aspectos del Espíritu Santo y abrazar cada uno de Sus humores. Dios quiere que alcancemos equilibrio de tal manera que podamos experimentar todas las bellas formas de culto corporal y aprendizaje acerca de Él: en silencio y reverente temor, con aplausos, danzando, gritando, levantando las manos en alabanza y adoración, gimiendo cuando la ocasión lo exige, mientras el corazón de Dios se extiende a los perdidos y sufrientes.

Podemos aprender las maneras de Dios y tener la mente renovada a través de la enseñanza ungida que ministra a nuestro intelecto. Hay un tiempo para batir palmas, danzar, sollozar y practicar toda una variedad de cosas bajo la dirección del Espíritu. **"Tiempo de llorar, y tiempo de reír; tiempo de endechar, y tiempo de bailar" (Eclesiastés 3:4)**. Podemos rendir culto al Señor de diversas maneras. No tendremos problemas mientras haya unidad y cada uno fluya según los deseos del Espíritu Santo. Los mayores problemas se suscitan cuando alguien sale del orden y da lugar a la desarmonía. Pablo escribió a los corintios para referirse a problemas de este tipo en su iglesia **(1 Corintios 14)**. El Espíritu Santo quiere manifestarse a pesar de los que se apartan del orden porque no han aprendido todavía a controlar su espíritu. El Señor desea que todos Sus variados humores sean ocasión de gozo para el cuerpo de Cristo.

El Señor anhela traer a Su cuerpo a la unidad mientras Satanás viene en contra para dividir y separar. Si Satanás no usa las diferencias en la forma de rendir culto de los cristianos para separar, entonces divide a causa de varias doctrinas. Por supuesto, ciertas doctrines no son escriturales y perdonarlas sería estar de acuerdo con el error. Pero jamás las diferencias doctrinales deberían apartar a los miembros del cuerpo de Cristo. Podemos amar a otros miembros que están en error hasta que vengan al conocimiento de la verdad. Dado que todos los cristianos buscan la verdad, el Señor expondrá tales doctrines erróneas y hará que la verdad se manifieste.

El bautismo en agua

Un ejemplo típico de esto es la doctrine básica del bautismo en agua por inmersión en vez de aspersión. Muchos grupos que sólo admitían la aspersión en otro tiempo, están viendo ahora que el método escritural es la total inmersión en agua. En verdad, la palabra griega para "bautismo" significa hundir, sumergir y emerger. El bautismo en agua es un acto de obediencia posterior a la conversión que simboliza el lavado o la purificación de nuestros pecados.

El bautismo por sí mismo no salva sino que la salvación inspira al bautismo en agua. Aquellos que han recibido a Jesús en su corazón, desean después seguir a Él en este sacramento. Jesús mismo se acercó a Juan el Bautista para recibir Su bautismo en agua porque Él llevaría los pecados del mundo a Su muerte. Estos pecados serían lavados por Dios en la vida de todo aquel que pusiera su confianza en Él. **"El siguiente día vio Juan a Jesús que venía a él, y dijo: He aquí al**

Cordero de Dios, que quita el pecado del mundo. Este es aquel de quien yo dije: Después de mí viene un varón, el cual es antes de mí; porque era primero que yo. Y yo no le conocía; mas para que fuese manifestado a Israel, por esto vine yo bautizando en agua"** (Juan 1:29-31).

Cualquier persona que reciba el bautismo en agua debe darse cuenta de lo que significa recibirlo; de esta manera, el bautismo de los niños no es escritural. Uno debe arrepentirse y ser salvo para bautizarse. El bautismo en agua simboliza la sepultura del viejo hombre y sus obras de muerte, y el salir del agua es el símbolo de la nueva vida en Cristo. Un niño no puede arrepentirse. No obstante, los padres pueden "dedicar" sus pequeños hijos al Señor, y a lo largo de la Biblia encontramos numerosos relatos de esto. Ana elevó una hermosa oración cuando dedicó a hijo Samuel al Señor, **"Por este niño oraba, y Jehová me dio lo que le pedí. Yo, pues, lo dedico también a Jehová; todos los días que viva, será del Jehová..."** (1 Samuel 1:27 y 28). El bautismo de arrepentimiento de Juan era para preparar el camino al bautismo tal Espíritu Santo a través de Jesús.

"Yo a la verdad os bautizo en agua para arrepentimiento; pero el que viene tras mí, cuyo calzado yo no soy digno de llevar, es más poderoso que yo; él os bautizará en Espíritu Santo y fuego" (Mateo 3:11). **"También dio Juan testimonio, diciendo: Vi al Espíritu que descendía del cielo como paloma, y permaneció sobre él. Y yo no le conocía; pero el que me envió a bautizar con agua, aquél me dijo: Sobre quien veas descender el Espíritu y que permanece sobre él, ése es el que bautiza con el Espíritu Santo. Y yo le vi, y he dado testimonio de que éste es el Hijo de Dios"** (Juan 1:32-34).

El bautismo dentro del Espíritu Santo

El bautismo en el Espíritu Santo es una experiencia fundamental así como lo fue nuestra experiencia inicial de la conversión. No podemos ser gradualmente bautizados en el Espíritu Santo, como tampoco puede ser gradualmente bautizado en agua. Ciertamente, podemos ser gradualmente llenos del Espíritu de Dios pero, un día, ese "llenado" se derramará y será un bautismo o una inmersión total en el Espíritu. Muchos creen que no necesitan pedir esta experiencia porque piensan que recibieron el Espíritu Santo cuando se convirtieron. Mientras esto es verdad en el sentido que el Espíritu Santo viene sobre nosotros y en nosotros para plantar la semilla de la vida en Cristo, no es cierto que seamos completamente llenos con Su Espíritu al menos que lo pidamos. "**¿...cuánto más vuestro Padre celestial dará el Espíritu Santo a los que se lo pidan?**" (**Lucas 11:13**).

Muchas personas han "nacido de nuevo" y tienen el Espíritu Santo obrando en su vida, pero jamás han recibido el bautismo en el Espíritu que los equipa para el servicio y les da el poder necesario para vencer en Cristo. "**Porque Juan ciertamente bautizó con agua, mas vosotros seréis bautizados con el Espíritu Santo dentro de no muchos días...pero recibiréis poder, cuando haya venido sobre vosotros el Espíritu Santo, y me seréis testigos en Jerusalén, en toda Judea, en Samaria, y hasta lo último de la tierra**" (**Hechos 1:5 y 8**). Si usted, como cristiano, no ha conocido el poder de Dios que capacita para vencer el pecado, para testificar y conocer a Dios en Su plenitud entonces necesita pedir a Dios el bautismo en el Espíritu Santo. También había cristianos en tiempos de Pablo que no conocían el poder disponible para ellos. Vemos esto escrito en **Hechos 19:2-6**, "**Les dijo: ¿Recibisteis el Espíritu Santo cuando creísteis? Y ellos le dijeron: Ni siquiera hemos oído si hay Espíritu Santo. Entonces dijo: ¿En qué, pues, fuisteis bautizados? Ellos dijeron: En el bautismo de Juan. Dijo Pablo: Juan bautizó con bautismo de arrepentimiento, diciendo al pueblo que creyesen en aquel que vendría después de él, esto es, en Jesús el Cristo. Cuando oyeron esto, fueron bautizados en el nombre del Señor Jesús. Y habiéndoles impuesto Pablo las manos, vino sobre ellos el Espíritu Santo; y hablaban en lenguas, y profetizaban**".

Esta Escritura muestra claramente que existe más de un bautismo. Estos cristianos habían recibido el bautismo en agua, pero no el bautismo en el Espíritu Santo hasta que Pablo puso sus manos sobre ellos y oró. También vemos que los dones del Espíritu Santo acompañan este bautismo, porque hablaron en lenguas y profetizaron.

Otro relato de esta experiencia se encuentra en **Hechos 8:14-20**, "**Cuando los apóstoles que estaban en Jerusalén oyeron que Samaria había recibido la palabra de Dios, enviaron allá a Pedro** y a Juan; los cuales, habiendo venido, oraron por ellos para que recibiesen el Espíritu Santo; porque aún no había descendido sobre ninguno de ellos, sino que solamente habían sido bautizados en el nombre de Jesús. Entonces les imponían las manos, y recibían el Espíritu Santo. Cuando vio Simón que por la imposición de las manos de los apóstoles se daba el Espíritu Santo, les ofreció dinero, diciendo: Dadme también a mí este poder, para que cualquiera a quien yo impusiere las manos reciba el Espíritu Santo. Entonces Pablo le dijo: Tu dinero perezca contigo, porque has pensado que el don de Dios se obtiene con dinero".

El Espíritu Santo es un don

Una vez más encontramos un relato del "don" del Espíritu Santo en **Hechos 11:14-17**, **"Él te hablará palabras por las cuales serás salvo tú, y toda tu casa. Y cuando comencé a hablar, cayó el Espíritu Santo sobre ellos también, como sobre nosotros al principio. Entonces me acordé de lo dicho por el Señor, cuando dijo: Juan ciertamente bautizó en agua, mas vosotros seréis bautizados con el Espíritu Santo. Si Dios, pues, les concedió también el mismo don que a nosotros que hemos creído en el Señor Jesucristo, ¿quién era yo que pudiese estorbar a Dios?"**

El don divino del Espíritu Santo es una promesa para nosotros hoy y no sólo para los santos de antaño, ya que encontramos a Pedro diciendo, **"…Arrepentíos, y bautícese cada uno de vosotros en el nombre de Jesucristo para perdón de los pecados; y recibiréis el don del Espíritu Santo. Porque para vosotros es la promesa, y para vuestros hijos, y para todos los que están lejos; para cuantos el Señor nuestro Dios llamare"** (Hechos 2:38 y 39). El Espíritu Santo es un don de Dios para nosotros. Al ser bautizados en Su Espíritu, experimentamos el don de hablar en lenguas, además de todos los otros dones cuando sea necesario, si continuamos fieles a Él **(1 Corintios 12, 13 y 14)**. Estos son los dones divinos de poder que nos capacitan para cumplir la tarea que se nos ha comisionado. Aunque muchos han abusado del don, no deberíamos tomar livianamente las palabras que el Señor nos dice en **Juan 7:37, 38 y 39, "Jesús se puso en pie y alzó la voz, diciendo: Si alguno tiene sed, venga a mí y beba. Él que cree en mí, como dice la Escritura, de su interior correrán ríos de agua viva. Esto dijo del Espíritu que** habían de recibir los que creyesen en él; pues aún no había venido el Espíritu Santo, porque Jesús no había sido aún glorificado".

Celo sin conocimiento

Un "Andar Cristiano Equilibrado" es algo que cada uno de nosotros precisa esforzarse por alcanzar, por cuanto la ansiedad y la ansiedad y el celo pueden causarnos problemas. La Escritura habla de esto en **Romanos 10:2, "Porque yo les doy testimonio de que tienen celo de Dios, pero no conforme a ciencia".** Es necesario el celo, pero debe estar equilibrado de acuerdo al conocimiento con la Palabra de Dios. Las escrituras dicen en **Oseas 4:6, "Mi pueblo fue destruido, porque le faltó conocimiento".** Herejías peligrosas, enseñanzas erróneas y falsas doctrines pueden destruir al pueblo de Dios, al menos que tenga completo conocimiento de la Palabra de Dios. Memorizar unas pocas escrituras no va a alelarnos del error. Debemos estudiar la Palabra de Dios y aplicarla a nuestro corazón si queremos permanecer libres de error y extremismos. **Juan 15:7** dice, **"Si permanecéis en mí, y mis palabras permanecen en vosotros, pedid todo lo que queréis, y os será hecho".** Esta es una poderosa promesa de Dios, pero es condicional dado que vemos dos "si" en esta Escritura. Estos son, "si" su Palabra permanece en nosotros, y "si" nosotros permanecen en Él. Él afirma que podemos pedir cualquier cosa y nos será concedida "si" estas dos condiciones existen en nosotros.

Al mirar esta Escritura, podemos deducir que, si nuestras oraciones no están siendo contestadas, es porque no tenemos la Palabra de Dios completa morando en nosotros, o porque no permanecemos totalmente en Él. Estaríamos recibiendo respuesta a todas nuestras oraciones "si" tuviéramos toda la Palabra de Dios en nosotros y estuviéramos completamente controlados por el Espíritu Santo.

El camino para que seamos vencedores y que nuestras oraciones obtengan respuesta en un ciento por ciento es dejando que la Palabra de Dios more en nosotros y nos cambie hasta que lleguemos a ser conforme a la imagen de Jesucristo. Entonces jamás oraríamos por algo que no fuera de la voluntad de Dios, porque conoceríamos y obedeceríamos Su voluntad. La Palabra de Dios es Su voluntad.

Si no estamos recibiendo respuesta a nuestras oraciones, es necesario que permitamos que la Palabra de Dios nos cambie. La Palabra de Dios nunca cambia. Jesús nunca cambia. Por lo tanto, si es necesario que se haga algún cambio, debe ser en nosotros.

"Porque yo Jehová no cambio..." (Malaquías 3:6). "Jesucristo es el mismo ayer, y hoy, y por los siglos" (Hebreos 13:8).

Jesús es la Roca. Él es sólido y estable, y no cambiará. Por esta razón debemos confiar en Él y creer Sus palabras dichas para nosotros. Si Él lo dijo, entonces es así. Es la verdad porque Él no puede mentir. Él lo dijo y lo creemos, entonces la fe en Su Palabra producirá aquellas cosas prometidas a nosotros en la Biblia.

Conocer solamente porciones de la Palabra de Dios puede ser motivo de desequilibrio. Debemos tratar de conocer toda la verdad y estar completamente rendidos a la voluntad de Dios para nosotros para ser victoriosos y exitosos cristianos.

El enfatizar una porción de la Palabra de Dios invariablemente producirá fracasos en la oración. Esta es la razón por la cual vemos muchos fracasos en la fe hoy día. No es tanto la falta de fe de la gente como su fracaso para aplicar otras porciones de la Palabra de Dios lo que les impide alcanzar las respuestas que están buscando.

Parábola de hornear un pastel

Para ilustrar esto, permítame compartir una pequeña parábola moderna. Jesús usaba este método con frecuencia cuando enseñaba para que la gente pudiera comprender las verdades espirituales cuando Él las relacionaba con ciertas situaciones físicas. La mayoría de la gente puede comprender el proceso para hornear un pastel, por ello quiero asemejar el método para recibir respuesta a la oración con la cocción de un pastel. Hornear un pastel no es así mismo un proceso complicado. La exigencia principal para tener éxito es seguir la receta. En esta parábola vamos a asemejar la Palabra de Dios con la receta, y el pastel terminado con nuestras oraciones respondidas. Si horneamos un pastel y sólo conseguimos un fracaso, no echamos la culpa a la receta sino que, por el contrario, volvemos a ella para ver dónde nos equivocamos. Si oramos y no logramos respuestas, debemos volver a la Palabra de Dios es la receta y ver cuáles son los ingredientes que hemos omitido o hemos calculado mal.

Hay ciertas condiciones en la Palabra de Dios que deben cumplirse para que nuestras oraciones logren respuesta. No se cumplen de manera automática. Al preparar un pastel, los ingredientes deben calcularse y mezclarse correctamente para producir el resultado deseado. Lo mismo es verdad con la Palabra de Dios, debe ser equilibrada para alcanzar el fin deseado. **"Abominación son a Jehová las pesas falsas, y la balanza falsa no es buena" (Proverbios 20:23).** Sin equilibrio, caemos en problemas para recibir las cosas de Dios que nos pertenecen. Miremos algunos pocos ingredientes básicos de la Palabra de Dios que son necesarios para recibir nuestras respuestas.

Ingrediente: Reclamando la Palabra de Dios

El primer ingrediente que pondremos en un cuenco grande es "reclamar la Palabra de Dios". Antes de poder recibir algo de Dios, debemos conocer la Escritura que se relaciona con nuestra necesidad y deseo. Si la Palabra de Dios nos hace alguna promesa, entonces es nuestra si nos aferramos a ella y la "reclamamos". Comparemos el "reclamar" con la harina de nuestra receta para el pastel. Cuando ponemos la harina en el recipiente, obviamente todo lo que tenemos es harina. Podemos "reclamar" y "reclamar" continuamente, pero sin otros ingredientes nunca alcanzaremos el éxito. Dios ha levantado maestros para que compartan con el cuerpo de Cristo sus derechos en Él. Han enseñado acerca de aquellas bendiciones que nos pertenecen como hijos de Dios.

Son demasiados los que en el pueblo de Dios no han sabido acerca de las bendiciones que son suyas. La sanidad es un ejemplo perfecto de una bendición que no se ha recibido porque no sabíamos que era para nosotros como hijos de Dios. Prosperidad, protección y victoria nos pertenecen, pero debemos "reclamar" tales bendiciones para recibirlas. Muchos cristianos no han conocido las ventajas que tienen en Cristo y, de esta manera, han vivido muy por debajo de sus privilegios, Hemos heredado una vasta fortuna a través de la muerte de Cristo en la cruz. Él murió para que nosotros pudiéramos vivir. Él vino a darnos vida en abundancia. **"Yo he venido para que tengan vida, y para que la tengan en abundancia" (Juan 10:10).**

Cuando los hombres mueren dejan un testamento donde hablan de la herencia para sus herederos. La Biblia es la última voluntad y el testamento de Jesús que se conoce como el Antiguo y el Nuevo Testamento. El Nuevo Testamento es el nuevo pacto que no sólo incluye las promesas del Antiguo Testamento sino que nos da otras nuevas y aun mejores.

"Vosotros sois los hijos de los profetas, y del pacto que Dios hizo con nuestros padres, diciendo a Abraham: En tu simiente serán benditas todas las familias de la tierra" (Hebreos 3:25). **"Pero ahora tanto me4or ministerio es el suyo, cuanto es mediador de un mejor pacto, establecido sobre mejores promesas"** (Hebreos 8:6).

Al darnos cuenta de estas preciosas promesas dejadas para nosotros, debemos "reclamarlas" para beneficiarnos con ellas. Cuando el diablo nos susurra que estas cosas no son para nosotros, simplemente debemos tomar el testamento -- la Palabra de Dios -- y declarar lo que está escrito allí. La Palabra de Dios es verdad y si Él dice que podemos ser sanos, podemos. Si Él dice que podemos alcanzar las bendiciones, es así. Si Él dice que podemos ser vencedores, es verdad. Si Él dice que podemos prosperar, así es, Si Él dice que nuestros hijos pueden ser salvos por nuestra fe, pueden. Si Él dice que somos liberados del temor, lo somos. Si la Palabra de Dios lo dice, deberían quedar a un lado todos los cuestionamientos que pudiéramos tener al respecto. Alcanzamos las bendiciones por ser los hijos del Rey, pero debemos "reclamarlas" antes. **"...pero no tenéis lo que deseáis, porque no pedís"** (Santiago 4:2). "Reclamar" solamente no producirá aquellas bendiciones, sino debemos agregar otros ingredientes de la Palabra de Dios para mezclarlos.

Ingrediente: Confesiones de la boca

Cuando hacemos un pastel, añadimos leche a la harina. La compararemos con la "confesión de nuestra boca". No alcanza con "reclamar", debemos comenzar a "confesar" aquello que la Palabra de Dios dice acerca de nuestra necesidad. Es preciso aclarar aquí que esta clase de "confesión" no es la llamada "confesión positiva" que enseñan maestros del éxito en el mundo. Sus "confesiones positivas" se orientan al yo y no hacia la Palabra de Dios. Ellos construyen sus "castillos en el cielo" pero no lo fundamentan en la Palabra de Dios sino en aquello que desean para el "si mismos". Por ejemplo, nunca usted les escuchará confesar esta porción de la Palabra de Dios, **"Si sufrimos, también reinaremos con él; si le negáramos, él también nos negará" (2 Timoteo 2:12)**.

Al confesar la Palabra de Dios, no solamente debemos tomar aquellas escrituras que deseamos sino también las que el Señor quiere para nosotros. Sin dudas, el Señor quiere bendecirnos, pero también quiere limpiarnos. Debemos ser entusiastas en nuestras "confesiones" para ser limpiados de todo lo que ofendería al Señor, tanto como lo somos al confesar las bendiciones físicas que Él nos ha prometido. Debemos aprender a guardar nuestra boca porque es muy importante que cuidemos la conversación. En última instancia, recibiremos las cosas de las que hablamos. Si habláramos del mal lo suficiente, sucederá; igualmente, si habláramos de lo bueno, también sucederá.

"Él que sacrifica alabanza me honrará; y al que ordenare su camino, le mostraré la salvación de Dios" (Salmo 50:23). "Del fruto de la boca del hombre se llenará su vientre; se saciará del producto de sus labios. La muerte y la vida están en poder de la lengua, y el que la ama comerá de sus frutos" (Proverbios 18:20 y 21).

No solamente debemos reclamar la Palabra de Dios sino también aprender a hablarla o "confesarla". Debemos "confesar" nuestra fe en la Palabra de Dios.

No debemos confesar lo que nos hace falta, por cuanto el Padre Celestial nos ha dado todo lo que precisamos. No debemos confesar derrota porque Dios nos ha hecho más que vencedores. No debemos confesar duda, porque Él nos ha dado Su fe. Debemos hablar aquellas cosas que la Palabra de Dios declara que son verdad. Con facilidad citamos lo que el hombre tiene que decir acerca de algo y, muchas veces, lo creemos a pesar de lo que la Palabra de Dios diga al respecto. Aun más, con frecuencia dudamos en afirmar lo que Dios dice porque el diablo nos dice que mentiríamos. Él hace que prestemos atención a nuestras circunstancias, y no a la Palabra. Las circunstancias están sujetas a cambio, y justamente una de las cosas que puede hacer que cambien es nuestra "confesión" de la Palabra de Dios acerca de una situación particular,

Por ejemplo, si nos falta dinero, el diablo tratará de hacernos "confesar" cosas como "No sé de dónde voy a conseguir el dinero para pagar esta cuenta", o "No sé que vamos a hacer cuando no podamos pagar la cuenta de la casa". En su lugar, necesitamos alinear nuestra confesión con la Palabra de Dios. **"Mi Dios, pues, suplirá todo lo que os falta conforme a sus riquezas en gloria en Cristo Jesús" (Filipenses 4:19)**. **"Mas buscad primeramente el reino de Dios y su justicia, y todas estas cosas os serán añadidas" (Mateo 6:33)**. Deberíamos confesar nuestra fe y confianza en el Señor, diciendo, "No sé cómo el Señor nos ayudará con esta necesidad, pero yo confieso que Él lo hará porque cuida de nosotros".

Atraemos las cosas buenas y las malas a través de lo que hablamos. Jesús se refirió a esto en **Mateo 12:34-37:**

¡Generación de víboras! ¿Cómo podéis hablar lo bueno, siendo malos? Porque de la abundancia del corazón habla la boca. El hombre bueno, del buen tesoro del corazón saca buenas cosas; y el hombre malo, del mal tesoro saca malas cosas. Más yo os digo que de toda palabra ociosa que hablen los hombres, de ella darán cuenta en el día del juicio. Porque por tus palabras serás justificado, y por tus palabras serás condenado.

Como cristianos jamás deberíamos volver a "confesar" aquellas cosas que están en contra de la Palabra de Dios. Permítame compartir contigo "Mi Lista de Nunca Más" tomada del libro "Lo que Dices, Recibes", escrito por Don Gossett. Nunca más confesaré "no puedo" porque, **"Todo lo puedo en Cristo que me fortalece" (Filipenses 4:13)**.

"Mi Lista de Nunca Más"

Nunca más confesaré necesidad, porque **"Mi Dios, pues, suplirá todo lo que os falta conforme a sus riquezas en gloria en Cristo Jesús" (Filipenses 4:19)**.

Nunca más confesaré temor, **"Porque no nos ha dado Dios espíritu de cobardía, sino de poder, de amor y de dominio propio" (2 Timoteo 1:7)**.

Nunca más confesaré duda y falta de fe, sino **"conforme a la medida de fe que Dios repartió a cada uno" (Romanos 12:3)**.

Nunca más confesaré debilidad, porque **"Jehová es la fortaleza de mi vida" (Salmo 27:1)**, y **"el pueblo que conoce a su Dios se esforzará y actuará" (Daniel 11:32)**.

Nunca más confesaré el supremacía de Satanás en mi vida, **"porque mayor es el que está en vosotros, que el que está en el mundo" (1 Juan 4:4)**.

Nunca más confesaré derrota, porque Dios **"nos lleva siempre en triunfo en Cristo Jesús" (2 Corintios 2:14)**.

Nunca más confesaré falta de sabiduría, porque Cristo Jesús **"nos ha sido hecho por Dios sabiduría" (1 Corintios 1:30)**

Nunca más confesaré enfermedad, porque **"por su llaga fuimos nosotros curados" (Isaías 53:5)**, y Jesús **"mismo tomó nuestras enfermedades, y llevó nuestras dolencias" (Mateo 8:17)**.

Nunca más confesaré ansiedades y frustraciones y **"porque echo toda mi ansiedad sobre él, porque él tiene cuidado de mí" (1 Pedro 5:7)**.

Nunca más confesaré esclavitud, porque **"donde está el Espíritu del Señor, allí hay libertad" (2 Corintios 3:17)**. Mi cuerpo es el templo del Espíritu Santo.

Nunca más confesaré condenación, porque **"ninguna condenación hay para los que están en Cristo Jesús" (Romanos 8:1)**. Yo estoy en Cristo; por lo tanto, estoy libre de condenación.

Nunca más confesará soledad, porque Jesús dijo, **"he aquí yo estoy con vosotros todos los días, hasta el fin del mundo" (Mateo 28:20)**, y **"no te desampararé, ni te dejaré" (Hebreos 13:5)**.

Nunca más confesaré maldiciones o mala suerte, porque **"Cristo nos redimió de la maldición de la ley, hecho por nosotros maldición (porque está escrito: Maldito todo el que es colgado en un madero), para que en Cristo Jesús la bendición de Abraham alcanzase a los gentiles, a fin de que por la fe recibiéremos la promesa del Espíritu" (Gálatas 3:13 y 14)**.

Nunca más confesaré tristeza, porque **"he aprendido a contentarme, cualquiera que sea mi situación" (Filipenses 4:11)**.

Nunca más confesaré que no soy digno, porque **Al que no conoció pecado, por nosotros lo hizo pecado, para que nosotros fuésemos hechos justicia de Dios en él (2 Corintios 5:21)**.

La confesión de nuestra boca hará que, en última instancia, recibamos aquello que hablamos.

Cuando somos bebés cristianos, y aún no hemos aprendido esta verdad, Dios en Su gracia no nos da las cosas que confesamos o hablamos equivocadamente por no estar de acuerdo con Su voluntad. Todavía no hemos aprendido Su voluntad. Dios mira nuestro corazón y, sencillamente, porque estamos deseando hacer la voluntad del Padre, Él cancela aquellas cosas que no son Su voluntad. Nuestro corazón está hablando en voz más alta que nuestra boca.

"Jehová, ¿quién habitará en tu tabernáculo? ¿Quién morará en tu monte santo? Él que anda en integridad y hace justicia, y habla verdad en su corazón" (Salmo 15:1 y 2). Si persistimos en hablar la verdad en nuestro corazón, nuestra boca pronto aprenderá a alinearse con nuestro corazón. Sin embargo, hasta que llega ese momento el Señor es generoso con nosotros cuando nuestro corazón y nuestra boca no están de acuerdo.

Este es un perfecto ejemplo de dos que se ponen de acuerdo antes de que suceda la respuesta a la oración. Mi boca y mi corazón deben estar de acuerdo para producir las respuestas a mis oraciones. **"Otra vez os digo, que si dos de vosotros se pusieren de acuerdo en la tierra acerca de cualquiera cosa que pidieren, les será hecho por mi Padre que está en los cielos" (Mateo 18:19).**

Un área que tiende a salirse de equilibrio en la "Enseñanza e la Confesión" es la tendencia a no dejar a otros que hablen sino a corregirles continuamente sus "confesiones" negativas cuando hablan. Debemos recordar que la ley suprema es la ley del amor y que no deberíamos fastidiar a otros, sino orar por ellos. Por supuesto que, con amabilidad, podemos ayudar a corregir a aquellos que tienen el mismo conocimiento que nosotros, dado que por lo general se sienten ansiosos por vencer en esta área. Pero, en el caso de quienes nunca han oído acerca de esto, sería sabio orar por ellos hasta que también vengan al conocimiento de la verdad.

Otra área donde a menudo se cometen abusos es en el reclamo y la "confesión" solo de cosas materiales. Se oye a muchos reclamando autos, riquezas, casas, etc., pero raras veces los escuchamos reclamar almas. Tendríamos que estar seguros de que nuestras prioridades son correctas cuando reclamamos y "confesamos". El mayor deseo del Señor para nosotros es que crezcamos en Él y que traigamos a otros al conocimiento de Su amor. Cuando no enfatizamos esto en nuestra "confesión", estamos siendo seducidos por el diablo.

Otra área que también tiende a desequilibrarse es cuando sentimos que continuamente debemos "confesar" ante los hombres aquello que estamos creyendo. Empezamos contando a todos, dondequiera que vamos lo que Dios nos ha prometido. Deberíamos practicar sabiduría, porque a veces no es sabio hablar demasiado. No se nos exige que "confesemos" nuestras promesas a todos para que sean realidad. En verdad, la Palabra de Dios enseña prudencia y sabiduría en cuanto al hablar. **"Manzana de oro con figuras de plata es la palabra dicha como conviene" (Proverbios 25:11). "El necio da rienda suelta a toda su ira, mas el sabio al fin la sosiega" (Proverbios 29:11).** Nuestra principal "confesión" debería ser al Señor. Nuestra fe se edifica también cuando "confesamos" con la boca la victoria que tenemos en Jesús. El momento de la oración debería ser nuestro principal tiempo de "confesión" de las promesas de Dios para que no sólo Él nos escuche, sino que también el diablo pueda oír nuestras palabras. Entonces, si esas palabras están de acuerdo con la Palabra de Dios, él debe ponerse de rodillas antes esas palabras. Descubriremos que nuestras palabras han derrotado al enemigo.

Ingrediente: Fe

Cuando reclamamos las promesas que están en la Palabra de Dios, lo cual es la harina de nuestro pastel; luego agregamos la confesión de nuestra boca, lo cual es la leche. Sin embargo, sin otros ingredientes sólo tendremos una pasta. Pongamos entonces otro importante ingrediente en nuestra receta, el polvo de hornear. Llamémoslo "fe" porque, a medida que la "fe" se levante en nuestro corazón, comenzaremos a ver las respuestas a nuestras oraciones. Nada podemos recibir del Señor si no es a través de la "fe", porque este es el medio que Él ha elegido. ¿Qué es la "fe" y cómo opera?

"Es, pues, la fe la certeza de lo que se espera, la convicción de lo que no se ve. Porque por ella alcanzaron buen testimonio los antiguos. Por la fe entendemos haber sido constituido el universo por la palabra de Dios, de modo que lo que se ve fue hecho de lo que no se veía" (Hebreos 11:1-3). Los anteriores versículos dejan en claro que la "fe" es una realidad, algo que da "substancia" a las cosas antes de que se hagan visibles para los ojos naturales. **2 Corintios 5:7**

declara que nosotros caminamos por "fe", no por vista. Al "nacer de nuevo", recibimos ojos espirituales para ver y entender cosas que, de otra manera, no podríamos discernir sin el Espíritu Santo. Cuando estamos sometidos al Señor. Él comienza a guiarnos y conducirnos a través de Su Espíritu. Lo seguimos a Él en "fe" sabiendo que Él no va defraudarnos ni va a llevarnos por mal camino. Debemos aprender a obedecer a Él aun cuando no vemos o no comprendemos Sus directivas.

La Palabra de Dios afirma que **"...todo lo que no proviene de fe, es pecado" (Romanos 14:23)**. Algunas personas hablan de una "fe ciega", pero nuestra fe no es una "fe ciega" sino que es "fe" en una persona real que es Jesucristo. Fuimos ciegos antes de que nuestros ojos fueran abiertos a la maravilla de Su amor y Su perdón, pero ahora podemos verle y una nueva vida y un nuevo mundo nos pertenecen.

Romanos 12:3 dice, **"...conforme a la medida de fe que Dios repartió a cada uno"**. Tenemos que permitir al Espíritu que se Nueva en nuestra vida para que nuestra fe pueda crecer en Él. Para que nuestra "fe" aumente y para que Dios honre nuestra "fe" debemos seguir diversos principios que están en la Palabra de Dios, porque la "fe" sola no puede producir las respuestas a nuestras oraciones.

"Así que la fe es por el oír, y el oír, por la palabra de Dios" (Romanos 10:17). Es necesario que conozcamos la Palabra de Dios para que nuestra "fe" aumente. Muchas veces sólo tomamos una porción de Su Palabra, y citamos y esperamos resultados, cuando tendríamos que aprender otras partes que, junto con esa porción que estamos citando, nos ayudarían a recibir las respuestas que deseamos. Un ejemplo sería si oramos una oración de "fe" pero no obedecemos a Dios, nuestra "fe" sería en vano.

Miremos **Hebreos 11:4** para un ejemplo de esto, **"Por la fe Abel ofreció a Dios más excelente sacrificio que Caín, por lo cual alcanzó testimonio de que era justo, dando Dios testimonio de sus ofrendas; y muerto, aún habla por ella"**.

¿Por qué Dios se agradó con Abel y no con Caín? El corazón de Cain no estaba bien ante Dios, por lo tanto sus obras eran malas, por lo que sus ofrendas fueron rechazadas. **"No como Caín, que era del maligno, y mató a su hermano. ¿Y por qué causa le mató? Porque** sus obras eran malas, y las de su hermano justas" (1 Juan 3:12). Hoy en día, mucha gente hace lo mismo, y aun así espera que Dios honre su "fe".

Dios quiere que seamos hombres y mujeres de fe para que podamos tener éxito en todo lo que emprendamos, **Josué 1:8** dice, **"Nunca se apartará de tu boca este libro de la ley, sino que de día y de noche meditarás en él, para que guardes y hagas conforme a todo lo que en él está escrito; porque entonces harás prosperar tu camino, y todo te saldrá bien".**

En **Hebreos 11:6** leemos, **"Pero sin fe es imposible agradar a Dios; porque es necesario que el que se acerca a Dios crea que le hay, y que es galardonador de los que le buscan".** Por este versículo podemos ver que no podemos agradar a Dios si no caminamos por fe. El diccionario define a la fe como (1) una creencia que no se cuestiona en Dios (2) una confianza y fe total (3) lealtad.

Si miramos estas definiciones podemos probar si en realidad estamos confiando en Dios con nuestra vida. *La prueba de la pregunta número uno:* ¿Cuestionamos con rebeldía lo que Dios está haciendo en nuestras vidas? Hacemos a Dios preguntas como "Señor, ¿Cuándo harás tal o cual cosa en mi vida? ¿Cuánto tiempo más tendré que esperar una respuesta? Dios, ¿por qué no has contestado mi oración?" Todos estos cuestionamientos, si se hacen con rebeldía, son exactamente lo opuesto a la fe porque generan duda y cuestionan lo que Dios está haciendo en nuestra vida. Aquí también me refiero a aquellas personas que se han entregado por completo al Señor y que están tratando de caminar en Su voluntad. Pero si no nos hemos rendido a Dios, nos sucederán cosas y no son por Su culpa sino porque estamos en territorio del diablo.

La prueba de la pregunta número dos: ¿Confiamos en Dios por completo y tenemos nuestra confianza puesta en Él hasta el punto que, cuando no vemos una respuesta inmediata, esperamos pacientemente en vez de tomar el asunto en nuestras manos y resolverlo a nuestra manera? ¿Tenemos confianza en el Señor en el sentido de que Él tiene todo bajo control, o nos preocupamos, nos angustiamos y nos impacientamos dejando que la ansiedad empañe nuestros días? Si confiamos en Él, debemos creer en Su Palabra y no dudar de Sus promesas.

La prueba de la pregunta número tres: ¿Qué pasa con la lealtad? ¿Somos leales a Dios? A veces actuamos como si Dios estuviera en contra de nosotros en lugar de estar a favor de nosotros. Por ejemplo, cuando hemos orado y pedido a Dios una respuesta a nuestras oraciones pero todavía no hemos recibido la respuesta, empezamos a escuchar al diablo que nos susurra "Dios no contesta tus oraciones porque no le importa tu vida. Sabes que Él tiene todo el poder en el cielo y en la tierra, entonces ¿por qué no contesta tus oraciones?" En vez de ser leales y defender al Padre, muchas veces terminamos coincidiendo con el diablo y volviéndonos a Dios para decirle "Sí, Dios, ¿Por qué no has contestado mis oraciones?" Nuestra devoción al Señor debería ser tal que defendiéramos a nuestro Padre celestial con una afirmación frente al enemigo como ésta, "Satanás, no sé por qué Dios no ha contestado mis oraciones todavía, pero lo que sí sé con seguridad es que Él me ama y las respuestas están en camino. Si hay alguien frenando mis respuestas, eres tú, no mi precioso Padre."

La verdadera "fe" tiene total confianza en Dios y es leal sin cuestionamientos. Realmente ¿tenemos "fe" en Dios? Al hablar de "fe" necesitamos destacar que no es la "cantidad" de fe lo que traerá victoria a nuestra vida sino la "calidad" de ella. **"...porque de cierto os digo, que si tuviereis fe como un grano de mostaza, diréis a este monte: Pásate de aquí allá, y se pasará; y nada os será imposible" (Mateo 17:20).** Lo importante no es la "cantidad" de fe que tenemos sino "en quién" se centra nuestra fe. Jesús es "fe".

Si sentimos que no tenemos la fe suficiente para quitar nuestra "montaña de dificultad", siempre podemos pedir al Señor el "don de fe". El don de fe es una de las provisiones para aquellos que están bautizados con el Espíritu Santo **(1 Corintios 12:9).** El Señor no nos ha dejado sin las herramientas para vencer nuestra falta de fe. Simplemente podemos pedir a Dios que nos dé el don de fe que necesitamos para cualquier problema que pudiéramos tener. A medida que seamos fieles en ejercitar nuestra "medida de fe" según ha sido dada a cada uno de nosotros, nuestra "fe" crecerá. Entonces podremos creer a Dios por mayores cosas, aun sin el don de fe. No obstante, si necesitamos ese don, podemos pedirlo y el Señor nos lo "dará si nuestro corazón es recto.

La "fe" no es sólo un don sino también un fruto del Espíritu Santo, más una parte de nuestra armadura como cristiano, así podemos ver su importancia en nuestra andar cristiano **(Gálatas 5:22)**. Puede ser que se diga de nosotros como de los cristianos en Tesalónica, **"Debemos siempre dar gracias a Dios por vosotros, hermanos, como es digno, por cuanto vuestra fe va creciendo, y el amor le todos y cada uno de vosotros abunda para con los demás; tanto, que nosotros mismos nos gloriamos de vosotros en las iglesias de Dios, por vuestra paciencia y fe en todas vuestras persecuciones y tribulaciones que soportáis" (2 Tesalonicenses 1:3 y 4)**. La "fe" nos va a llevar a través de cada prueba y tribulación. La "fe" no es algo difícil. Dios la hizo fácil. En esencia, "fe" es sólo dar un paso más con Jesús; es creer a Dios una hora más y, porque no le renunciamos a Dios, Él viene hacia nosotros con las respuestas cuando confiamos en Él.

Ingrediente: Obediencia

Debemos obedecer cuando Dios nos habla y no tratar de que Él acepte nuestra forma de hacer las cosas. Sus caminos son más altos que los nuestros. Nuestro precioso Señor jamás nos pediría que hagamos algo que no traiga bendición a nuestra vida. A veces, esta bendición no se ve de inmediato Pero, si somos fieles y seguimos en Sus caminos, Él nos mostrará que tiene un hermosísimo plan para nuestra vida. Debemos dejar que el Señor ponga Su paciente naturaleza en nuestra vida y no estar esperando siempre respuestas inmediatas. Esto nos resulta difícil cuando estamos viviendo en una época en que todo es instantáneo: café instantáneo, té instantáneo, puré instantáneo, etc.

Así vemos que una de las cosas que debe acompañar nuestra "fe" es la "obediencia", como sucedió con Abel quien fue un ejemplo de esto. En realidad es el próximo ingrediente que necesitamos incluir en nuestro recipiente. Podríamos hacer un paralelo entre los huevos que usamos para el pastel (lo que hacen que la masa se "afirme"). Fe y las obras marchan juntas; una no está completa sin la otra.

Sabemos que la fe sin obras es muerta. **"Así también la fe, si no tiene obras, es muerta en sí misma. Pero alguno dirá: Tú tienes fe, y yo tengo obras. Muéstrame tu fe sin tus obras, y yo te mostraré** mi fe por mis obras" (Santiago 2:17 y 18). Las obras que aquí se mencionan se refieren a las obras del Espíritu y no las obras de la carne. Podemos hacer muchas de las llamadas "buenas obras" y aun así no agradar a Dios. Porque Él mira el corazón y no la apariencia exterior. Debemos obedecer con el corazón y hacer aquellas cosas que son agradables a Dios.

Caín, se acercó a Dios con un sacrificio que no era aceptable porque había rebeldía en su corazón, no hacía las cosas que Dios pedía tal como lo hacía Abel. Muchas veces pedimos a Dios que haga ciertas cosas pero no estamos dispuestos en nuestro corazón a ser esos vasos que Él usará para que esas cosas sucedan.

Por ejemplo, oramos y pedimos a Dios que nuestros familiares sean salvos, pero queremos que el Señor envíe a otra persona con el mensaje de salvación. Debemos estar deseosos de ser aquellos a los que el Señor use para hablarles de Su amor. En realidad, por cada oración que decimos, debemos estar dispuestos a ser ese vaso que Dios use en respuesta a esa plegaria. Y aunque no siempre el Señor nos pide esto, debemos estar dispuestos. Si estamos orando que Dios bendiga económicamente a alguien, debemos estar dispuestos a ser él que haga esto para esa persona. Si estamos orando para que Dios provea un lugar para que alguien se aloje, debemos estar dispuestos a abrir nuestra casa. Cualquier cosa por la que oremos, si fuera posible que nosotros fuésemos la respuesta, debemos estar dispuestos a que el Señor nos use. Debemos "obedecer" a Dios aunque nuestra carne se resista a hacer lo que el Señor quiere que hagamos. Debemos determinarnos a seguir y "obedecer" a Dios sin que nos importe el precio.

Las Escrituras dicen en **1 Samuel 15:22, "Y Samuel dijo: ¿Se complace Jehová tanto en los holocaustos y víctimas, como en que se obedezca a las palabras de Jehová? Ciertamente el obedecer es mejor que los sacrificios, y el prestar atención que la grosura de los carneros"**. Podemos orar largas horas, ayunar y sacrificarnos de muchas maneras, pero si no "obedecemos" todo será en vano. Es por esto que muchos no ven la respuesta a sus oraciones. Se resisten a "obedecer" aquellas cosas que el Señor les dice. La "obediencia" y la "fe" van de la mano, no trabajan separadamente. Las obras del Espíritu son aquellas que están ungidas por Dios. Todas las obras de la carne son inútiles. Cuando la Biblia dice que la fe sin obras es muerta, está hablando de las obras espirituales inspiradas por Dios. Son el resultado de nuestra fe y nuestro caminar con Dios. Cuando caminamos con Dios, haremos aquellas obras que son agradables a Él.

Ingrediente: Comunión con Dios

Otro hombre de fe que se menciona en **Hebreos 11** es Enoc de quien se dice que fue un hombre que agradaba a Dios. ¿No sería maravilloso que de nosotros también se dijera que fuimos "un hombre que agradaba a Dios?" ¿Qué fue lo que hizo que Enoc fuera agradable a Dios? En **Génesis**, la escritura dice que Enoc "caminó con Dios". Este es otro factor que hace que la fe se torne "compacta": nuestro "caminar con Dios", o "nuestra comunión con Dios". Es imperativo mezclar obediencia y "comunión" con la fe para que funcione. Si nuestra mezcla de nuestra receta requiere un huevo, no podemos separar el huevo y solo usar las claras o solo las yemas, sino que todo el huevo.

La fe nunca puede producir nada sin la "comunión" con Dios. Tenemos "comunión" con el Señor a través de muchas avenidas: las continuas oraciones, estudiando y meditando Su Palabra, teniendo comunión con Su pueblo, etcétera. Lo más precioso para el Señor es esa dulce comunión que brota desde nuestro corazón a medida que hablamos y "caminamos" con Él. Pero a veces nos olvidamos de hablar con el Señor, porque estamos muy ocupados en hacer muchas cosas para Él.

Algo que jamás deberíamos descuidar es nuestro tiempo de quietud con Él. Él anhela estar en comunión con nosotros. He aquí un hombre llamado Enoc que amaba mucho a Dios con todo el corazón y deseaba fervorosamente estar con Él, tanto lo deseaba que un día, por la fe simplemente, caminó hacia el cielo con Él. Nuestro trabajo para el Señor sería mucho más efectivo si pasáramos más tiempo solo con Él, hablando con Dios, amándolo, teniendo comunión con Él. Entonces podríamos acceder al consejo del cielo en cuanto aquellas cosas que estábamos creyendo que Dios respondería para nosotros. No habría así sorpresas inesperadas que el enemigo pusiera en nuestro camino. El Señor nos advertiría de los planes de Satanás y nos mostraría cómo derrotarlo con Sus planes. Qué maravilloso es tener a

Dios de nuestra parte. La Biblia dice, "**...Si Dios es por nosotros, ¿quién contra nosotros?" (Romanos 8:31)**.

Ingrediente: Motivos

El siguiente ingrediente que pondremos en nuestro pastel es la manteca, y la llamaremos nuestros "motivos". Podemos reclamar, confesar, tener fe, ser obedientes y tener comunión con Dios, pero aun así no obtener respuesta a nuestras oraciones si nuestras motivaciones no son correctas. La actitud del corazón es de fundamental importancia para el Señor. Él quiere que nuestro corazón sea como el Suyo. Cuando no es así, Dios está limitado en cuanto a las cosas que puede darnos porque podríamos usarlas incorrectamente. Si nuestros "motivos" no son puros podemos obstaculizar la obra del Señor, en vez de permitirle actuar. Debemos pedir a Dios que purifique nuestro corazón y nuestros "motivos" si deseamos ser confiados con Su poder.

En ciertas oportunidades, sin darnos cuenta oramos con motivaciones equivocadas. Aquellos cristianos que oran para que sus seres queridos o sus compañeros de trabajo sean salvos, muchas veces lo hacen por el mero deseo de ser libres de sus burlas o su persecución. El Señor quiere que tengamos Su amor hacia los desagradables y que oremos para que puedan disfrutar de las mismas bendiciones que nosotros tenemos en Él. Cuando oramos simplemente porque queremos sentirnos liberados, estamos diciendo una oración egoísta por los motivos equivocados.

Si tenemos resentimiento hacia aquellos que están causándonos dificultades, podemos pedir al Señor que nos libre de ese sentimiento y lo reemplace por Su amor hacia ellos. Ese amor vencerá sus objeciones al cristianismo. El Señor quiere usarnos para acercarnos a ellos, siendo nosotros el instrumento que les traerá la salvación a ellos. Si nuestro corazón permanece siendo rectos y amándolos, el Señor los salvará, o nos dará la victoria para sobreponernos a la situación, o los apartará hasta que estén listos para recibir lo a Él, o nos alejará a nosotros de la difícil tormenta.

La razón por la cual mucha gente no alcanza la victoria frente a ciertas situaciones es porque continuamente piden a Dios que cambie a la otra persona, cuando muchas veces son ellos quienes precisan cambiar. Cuando pidamos a Dios que nos cambie y nos dé la victoria, estaremos en el camino para ser vencedores. Necesitamos pedir al Señor que nos dé Su perspectiva respecto de nuestras situaciones en la vida en vez de verlas, y ver a quienes nos rodean, a través de nuestra propia visión estrecha y limitada. Si vemos nuestra vida y la de otros desde el punto de vista de Dios, podremos sobreponernos al sufrimiento momentáneo porque tendremos la victoria eterna al final. **"Porque esta leve tribulación momentánea produce en nosotros un cada vez más excelente y eterno peso de gloria" (2 Corintios 4:17).**

Debemos analizar nuestros "motivos" y preguntarnos si estamos orando egoístamente o por la causa del reino de Dios. Debemos estar dispuestos a ser usados de cualquier manera que el Señor lo considere conveniente. ¿Estamos dispuestos a sufrir por el Señor en un lugar difícil? ¿Estamos dispuestos a experimentar un fracaso en el mundo, si no edifica espiritualmente? No podemos fracasar con Jesús. Sin embargo, deberíamos aclarar qué es un fracaso. El fracaso a los ojos del mundo es diferente del fracaso a los ojos del Señor. Muchas veces Él debe destruir o derrumbar ciertas cosas para reconstruirlas según Su plan perfecto. **"Mira que te he puesto en este día sobre naciones y sobre reinos, para arrancar y para destruir, para arruinar y para derribar, para edificar y para plantar" (Jeremías 1:10).**

Cuántas veces nos aferramos a algunas cosas que Dios está tratando de sacarnos para poder darnos algo mejor. Dios quiere que las dejemos morir para que Él pueda resucitarlas y sacar a la luz la vida que hay en ellas. Pero en su lugar, seguimos aferrados a cosas que "apestan". Cosas que debieron ser sepultadas mucho tiempo atrás, pero que nosotros seguimos rogando a Dios que las salve. Estas son muertes espirituales. Debemos morir a aquellas cosas que deseamos, para que Sus deseos puedan manifestarse. Si al menos les permitiéramos morir y ser enterradas, entonces se levantarían y darían abundante fruto. La semilla que muere y cae, producirá muchas semillas como ella. El Señor no quiere negarnos la semilla, Él sólo quiere traer la cosecha abundante y no simplemente una semilla.

Nuestro corazón precisa ser purificado de cada "motivación" egoísta y que es impura. Solamente entonces Dios podrá contestar nuestras oraciones por completo. Son tantos los cristianos que han perdido la riqueza del mensaje total de la cruz. Desean gobernar y reinar con Cristo, pero no se dan cuenta de que, antes de que ello suceda, deben sufrir con Cristo. Ellos son como las "palomas incautas" de las que habla Oseas. Están llenos de orgullo y soberbia, y no tienen corazón. No saben que sus "motivaciones" deben ser puras para recibir las altas intenciones de Dios para con ellos. **"Y la soberbia de Israel testificará contra él en su cara; y no se volvieron a Jehová su Dios, ni lo buscaron con todo esto. Efraín fue como paloma incauta, sin entendimiento..." (Oseas 7:10 y 11).**

Así, es necesario un corazón puro con "motivaciones" rectas para producir la respuesta a nuestras oraciones, junto con otros ingredientes como reclamar, confesar, fe, obediencia y comunión con Dios. **"Acerquémonos con corazón sincero, en plena certidumbre de fe, purificados los corazones de mala conciencia, y lavados los cuerpos con agua pura. Mantengamos firmes, sin fluctuar, la profesión de nuestra esperanza, porque fiel es el que prometió" (Hebreos 10:22 y 23).**

Ingrediente: Sabiduría

Aun precisamos poner otro ingrediente para nuestro pastel, y es la sal. Comparémosla con la "sabiduría". Podemos practicar todo lo que ya hemos mencionado y aun así no recibir respuesta si no usamos la "sabiduría" de Dios. Antes de movernos en ciertas direcciones es necesario que preguntemos: ¿Es inteligente hacer esto? El Señor no deja a un lado nuestra mente cuando nos habla para que hagamos algo. En realidad, Él nos instruye a "pensar con cordura" **(Romanos 12:3).** Si aplicáramos "sabiduría" a nuestra oración, ciertamente nuestras plegarias serían más efectivas. Si por la fe nos ponemos la mente de Cristo y Su sabiduría cuando estamos orando, tendremos pensamientos inteligentes y reflexivos apoyando nuestra oración. Cuando somos sabios en nuestra vida de oración, apuntaremos al blanco de inmediato y tendremos éxito.

Si sentimos que nos falta "sabiduría", podemos pedirla porque el Señor promete darla a todo el que la solicite. **"Y si alguno de vosotros tiene falta de sabiduría, pídala a Dios, el cual da a todos abundantemente y sin reproche, y le será dada" (Santiago 1:5).** Todo el libro de Proverbios es esencialmente un libro de "sabiduría". El leerlo y meditarlo puede enseñarnos la sabiduría de Dios.

Debemos entender totalmente que la "sabiduría" de Dios es diferente de la "sabiduría" de este mundo.

"¿Dónde está el sabio? ¿Dónde está el escriba? ¿Dónde está el disputador de este siglo? ¿No ha enloquecido Dios la sabiduría del mundo? Pues ya que en la sabiduría de Dios, el mundo no conoció a Dios mediante la sabiduría, agradó a Dios salvar a los creyentes por la locura de la predicación" (1 Corintios 1:20 y 21). **"Más por él estáis vosotros en Cristo Jesús, el cual nos ha sido hecho por Dios sabiduría, justificación, santificación y redención"** (1 Corintios 1:30).

Jesús es nuestra fuente de "sabiduría" y, cuando lo miremos a Él y caminemos con Él, tendremos Su sabiduría en todas las cosas.

Cuando somos nuevos en Cristo, todavía no nos hemos purificado de la "sabiduría" de este mundo. Entonces el Señor nos da acceso al poder del Espíritu Santo. Y cuando hemos sido llenos, recibimos los nueve dones del Espíritu. Estos dones se manifiestan cuando tenemos necesidad de ellos. Uno de los dones del Espíritu es la "palabra de sabiduría". Este don nos da los pensamientos de Dios acerca de nuestras diferentes situaciones. La "sabiduría" de Dios es "pensar como Jesús". Hasta que nuestra mente no sea completamente renovada de manera que esto sea una realidad, contamos con la provisión de la "palabra de sabiduría".

La Palabra de Dios nos dice cómo discernir la "sabiduría" del mundo y Su "sabiduría" en **Santiago 3:13-17, "¿Quién es sabio y entendido entre vosotros? Muestre por la buena conducta sus obras en sabia mansedumbre. Pero si tenéis celos amargos y contención en vuestro corazón, no os jactéis, ni mintáis contra la verdad; porque esta sabiduría no es la que desciende de lo alto, sino terrenal, animal, diabólica. Porque donde hay celos y contención, allí hay perturbación y toda obra perversa. Pero la sabiduría que es de lo alto es primeramente pura, después pacífica, amable, benigna, llena de misericordia y de buenos frutos, sin incertidumbre ni hipocresía".**

Sólo necesitamos comparar nuestras peticiones en oración con esta lista para ver si estamos pidiendo de acuerdo con la "sabiduría" de Dios. ¿Nuestras peticiones tendrán como resultado pureza, paz, amabilidad? ¿Hacemos nuestras peticiones con facilidad? Nuestras oraciones ¿muestran siempre misericordia por el prójimo? Jamás deberíamos orar para que lo malo les suceda a otros con el propósito de enseñarles una lección. Es necesario que siempre pidamos a Dios que tenga misericordia. ¿Pedimos que el fruto del Espíritu Santo se evidencie en nuestra vida y en la de aquellos por los cuales oramos? ¿Tenemos prejuicios? ¿Somos honestos delante de Dios? Esta e "sabiduría" de Dios y, si la ponemos en práctica, veremos que la respuesta a las oraciones se hace realidad más fácilmente. Nuestra receta está ahora casi completa.

Ingrediente: Alabanza

Otro ingrediente necesario, si esta receta va a tener el sabor de un pastel, es el azúcar. Comparémosla con la "alabanza". Siempre deberíamos tener una actitud de "alabanza" y gratitud a Dios en nuestro corazón sin importar la clase de prueba o problema que tengamos. La Biblia nos dice en **1 Tesalonicenses 5:18, "Dad gracias en todo, porque esta es la voluntad de Dios para con vosotros en Cristo Jesús"**. Prestemos atención a lo que dice la escritura, "dad gracias en todo" pero no "por" todo. La voluntad de Dios es que siempre seamos agradecidos. Pero cada cosa que nos sucede no siempre es la voluntad del Señor.

Una de las primeras cosas que debemos saber acerca de Dios es que Él es la fuente de todo lo bueno. El Señor nos ama. En realidad, el Padre nos amaba tanto que envió a Su único Hijo, Jesús, a morir por nosotros para que pudiéramos tener vida, y más abundante. No debemos alabar al Señor "por" las desgracias, "por" la enfermedad, "por" las malas cosas; sin embargo, debemos alabarlo "en" tales circunstancias. Como ves, lo malo no proviene de Dios y no tenemos por qué echar la culpa a Dios de algo que el diablo hace. Nuestro Señor no es el autor de la enfermedad, del pecado, la pobreza, las tragedias, el dolor, la pena, el dolor del corazón. El diablo es quien envía estas cosas a nuestra vida y luego trata de que echemos la culpa a Dios.

Algunos tienen dificultades en creer esto a causa de algunas escrituras del Antiguo Testamento que pareced decir que Dios es quien manda estas cosas. Una de ellas es el versículo de **Éxodo 15:26** que dice, **"Si oyeres atentamente la voz de Jehová tu Dios, e hicieres lo recto delante de sus ojos, y dieres oído a sus mandamientos, y guardares todos sus estatutos, ninguna enfermedad de las que envié a los egipcios te enviaré a ti, porque yo soy Jehová tu sanador"**. Debido al trato que Dios tenía con el pueblo del Antiguo Testamento, el cual era un trato soberano, atribuían al Señor tanto el bien como el mal. La mayoría de la gente no conocía al Señor de una forma personal y entonces lo que les indicaba si estaban agradando al Señor o no era si recibían las que consideraban bendiciones o maldiciones de Dios.

Dios envió a Sus profetas para que le dijera que era por su propia culpa que no estaban siendo bendecidos, porque pecaban y no le obedecían. **"Tu maldad te castigará, y tus rebeldías te condenarán; sabe, pues, y ve cuán malo y amargo es el haber dejado tú a Jehová tu Dios, y faltar mi temor en ti, dice el Señor, Jehová de los ejércitos" (Jeremías 2:19)**. El mal no estaba viviendo de Dios de manera directa sino por su maldad y rebeldía contra Él. **"Mas ellos fueron rebeldes, e hicieron enojar su santo espíritu; por lo cual se les volvió enemigo, y él mismo peleó contra ellos" (Isaías 63:10)**. Dios aborrece el pecado y Su juicio es siempre contra el pecado. Sin embargo, Dios ama al pecador y desea bendecirle. Si un hombre resiste los caminos del Señor, entonces Él no tiene otra alternativa sino destruir al pecador junto con el pecado. Jamás es éste Su deseo, sino que por el contrario Él quiere que todos se arrepientan y sigan Sus caminos.

Aun así, algunas personas piensan que Dios no es justo porque permite que exista el mal. Si Dios destruyera instantáneamente todo el mal, también destruiría al hombre junto con él. Son los propios malos caminos del hombre los responsables del mal, no Dios. **"Y dijisteis: No es recto el camino del Señor. Yo os juzgaré, oh casa de Israel, a cada uno conforme a sus caminos" (Ezequiel 33:20)**.

Es el Espíritu Santo quien nos da entendimiento para muchas de las escrituras tanto del Antiguo como del Nuevo Testamento y, sin Su luz, algunos de los significados suenan ambiguos, contradictorios, confusos e incluso crueles y repulsivos a veces. El hombre natural no puede entender las cosas de Dios, por eso el Espíritu Santo se encarga de interpretar la Biblia ya que fue Él quien inspiró a hombres santos de la antigüedad de Dios para que la escribieran. **"Pero el hombre natural no percibe las cosas que son del Espíritu de Dios, porque para él son locura, y no las puede entender, porque se han de discernir espiritualmente" (1 Corintios 2:14).**

La Biblia es un milagro de Dios. Esta obra fue escrita por tantos diferentes individuos que vivían en lugares tan apartados, separados por cientos de años en el devenir de la historia. Considerada como un todo, se ha convertido en el libro más famoso y amado que jamás haya existido. En realidad es un conjunto de sesenta y seis libros. Treinta y nueve de ellos conforman el Antiguo Testamento y los veintisiete restantes se conocen cono el Nuevo Testamento. El Antiguo Testamento se escribió antes de Cristo y el Nuevo Testamento se escribió después de Su advenimiento.

El Antiguo Testamento es más difícil de comprender porque se escribió con las verdades de Dios "ocultas" mientras que el Nuevo Testamento se escribió para "revelar". El Antiguo Testamento contenía tipos e imágenes de las cosas que sucederían en el Nuevo Testamento. Muchas profecías del Antiguo Testamento se cumplieron en el advenimiento de Cristo puesto que esta era una de las señales que confirmaba que Jesucristo era el Mesías.

Dios está abriendo más y más Su verdad a nosotros a través del Espíritu Santo que nos muestra Su Palabra en los últimos días. Una de estas verdades es la revelación de la naturaleza de Dios y Sus propósitos para Su pueblo. Muchos están recibiendo sanidad, liberación y milagros en esta hora porque la verdad de Dios está siendo revelada. Satanás está siendo expuesto y el pueblo de Dios está andando en su grandiosa herencia **(Daniel 12:9-10)**.

En el pasado, muchos hemos caído presas de las mentiras del diablo porque no sabíamos lo que la Biblia dice acerca de la naturaleza del Señor, o de la naturaleza de Satanás. En la Biblia dice que Satanás es ladrón, mentiroso, engañador, homicida, tentador. Él es el culpable de la enfermedad, la muerte y las desgracias. Dios es el autor de lo bueno, la bondad, la luz, la vida, el gozo, la salud. Cuando Jesús caminaba por esta tierra, iba de un lugar a otro haciendo el bien y sanando a él que estaba enfermo. Sí, Dios "permitía a Satanás que exista pero sólo hasta una fecha determinada cuando sea arrojado en el lago de fuego y todos los que no conocen al Señor sean arrojados con él.

Dios no quiere dejarnos indefensos. Él preparó un camino para "vencer" a Satanás a través de Jesús nuestro Señor. ¿Por qué algunos cristianos disfrutan de una vida victoriosa y otros son víctimas del diablo? Porque muchos no saben lo que la Palabra de Dios dice acerca de "quiénes como en Cristo Jesús" y lo que se les ha dado en Él. La Biblia declara que somos coherederos con Jesús y que Cristo fue enviado para destruir las obras del diablo.

Si somos de Dios, entonces el diablo está fuera de sus límites cuando trata de poner enfermedad, pobreza, penas, temor; podemos usar el nombre de Jesús contra él para hacerle huir. También podemos usar el arma de la "alabanza", alabando a Dios en todo sin tomar en cuenta lo que Satanás está intentando hacernos. Podemos decir, "Señor, te amo, te alabo. Sin importar lo que Satanás está haciendo, quiero que sepas que te amo y que estoy seguro de que me amas, Señor." Satanás tendrá que huir cuando comencemos a "alabar" al Señor porque la Biblia dice que Dios habita en medio de la alabanza de Su pueblo. **"Pero tú eres santo, tú que habitas entre las alabanzas de Israel"** (Salmo 22:3).

El libro de Salmos es un maravilloso libro de "alabanzas" y cánticos al Señor. Algunos de los más preciosos salmos de "alabanza" fueron escritos por David y se conocen como **Salmo 29, 30, 34 y 103**. Podemos meditar sobre estas palabras y descubrir que la "alabanza" eleva nuestro corazón por encima de la desesperación.

La "alabanza" es una de las armas más poderosas contra el temor y la soledad. Canciones y música de alabanza hacen que nos "elevemos" cuando nos deprime o nos hace sentir solos. La "alabanza" puede hacer que se suelte la respuesta a nuestras peticiones porque el Señor ama la comunión con Él y es generoso con los que son de corazón agradecido. El gozo es parte de la naturaleza del Señor y, por lo tanto, quiere que vivamos gozosos. Deberíamos ser agradecidos por todo lo que Él ha hecho por nosotros. ¡Su sacrificio por nuestros pecados en la cruz del Calvario debería ser suficiente para hacer de nosotros personas eternamente agradecidas que le "alaban" por siempre jamás!

Ingrediente: Ayuno

Continuando con la receta, vemos que se necesita más de un ingrediente para hornear un pastel. Y lo mismo sucede con la respuesta a nuestras oraciones. Si la Palabra de Dios es nuestra receta y el pastel terminado se asemeja a nuestras oraciones contestadas, los ingredientes básicos que se requieren para que nuestras plegarias reciban respuesta son: reclamo, confesión, fe, obediencia, comunión, motivaciones, sabiduría y alabanza. Sin embargo, tal como un pastel precisa algunos ingredientes fundamentales pero se vuelve más sabroso cuando le agregamos otros condimentos, a veces también es necesario añadir una pizca de especias a nuestra vida de oración. Igualemos el ayuno a una especie. Un pastel común no exige condimentos especiales, de la misma forma nuestras oraciones generalmente pueden ser respondidas sin "ayuno". Sin embargo, en algunas ocasiones precisamos agregar el ingrediente del "ayuno", sobre todo si ya hemos puesto en práctica todo lo que sabemos. Este último ingrediente puede ser justo lo que se necesita para que las respuestas lleguen.

El Nuevo Testamento tiene mucho para decir acerca de este principio. Cierta vez, Jesús al ver que Sus discípulos no podían echar fuera un demonio de un niño, les dijo, **"Pero este género no sale sino con oración y ayuno" (Mateo 17:21).** La oración y el "ayuno" aquí eran para aumentar la fe de los discípulos porque, antes de este versículo, Jesús reprendió de ellos la duda y la incredulidad.

Si somos tentados a dudar del Señor y el diablo ataca nuestra fe, una buena manera de restaurar nuestra fe es a través del "ayuno" y la oración. Entonces tendremos fe para creer a Dios en cuanto a las cosas que nos ha prometido en Su Palabra.

Hay varios métodos escriturales para el "ayuno".

En el desierto, Jesús durante cuarenta días y noches "ayunó" no ingiriendo alimentos sólidos, solamente agua, como lo indica la Escritura en **Mateo 4:2** dado que después tuvo hambre pero no sed. El Señor honrará los "ayunos" parciales tales como bebiendo sólo jugos de fruta, comiendo una sola vez al día, etc. El tipo de "ayuno" y la duración no son lo importante, sino la actitud del corazón.

Las motivaciones deberían ser cuidadosamente analizadas cuando nuestro "ayuno" se debe a una situación. Jamás debemos "ayunar" para "mover la mano de Dios" sino para forzar a Satanás a soltar las cosas que él está tratando de ocultar de nosotros.

Isaías 58:6-9 dice, "**"¿No es más bien el ayuno que yo escogí, desatar las ligaduras de impiedad, soltar las cargas de opresión, y dejar ir libres a los quebrantados, y que rompáis todo yugo? ¿No es que partas tu pan con el hambriento, y a los pobres errantes albergues en casa; que cuando veas al desnudo, lo cubras, y no te escondas de tu hermano? Entonces nacerá tu luz como el alba, y tu salvación se dejará ver pronto; e irá tu justicia delante de ti, y la gloria de Jehová será tu retaguardia. Entonces invocarás, y te oirá el Jehová; clamarás, y dirá él: Heme aquí..."**. Debemos ayunar con una actitud desinteresada; nuestra actitud no debe ser "¿de qué me servirá esto?" sino ¿qué hará esto por los demás?"

Muchos tienen la idea de que deben hacer "ayunos" de días y aun semanas para recibir los dones y el poder de Dios en sus vidas. Esto es simplemente innecesario, porque los dones son gratuitos y el poder mora en nosotros. **"Porque mayor es el que está en vosotros, que el que está en el mundo" (1 Juan 4:4).** Esto se manifiesta por nuestro sometimiento y fe.

Dios ciertamente llama a algunos a hacer largos "ayunos" por ciertas razones, pero jamás esto debería dar lugar al orgullo en nuestro corazón. En realidad, Jesús enseñaba tres cosas que debían hacerse en secreto: dar, orar y "ayunar". Deberíamos ponerlas en práctica tan silenciosamente como nos fuera posible. (A veces no resulta posible mantenerlas en secreto, pero entonces el acento debe ponerse en el atributo de la humildad mientras ayunamos.)

El Espíritu del Señor nos hablará en cuanto a la duración de nuestro "ayuno" frente, a una situación dada así como también a la clase de "ayuno", si es que le preguntamos a Él. Lo principal es que lo hagamos para Él.

Paciencia y resistencia

Si todos los ingredientes están bien mezclados, en las cantidades correctas, y en el equilibrio correcto, tendremos una buena pasta. Vaciemos la pasta en el molde y llevemos esta preparación al horno.

Hemos cumplido con nuestra parte, ahora debemos esperar que Dios haga la Suya. A veces, esta es la parte más dura. Se nos prueba en paciencia y resistencia. Cuando estamos en el horno encendido, queremos salir de inmediato, pero Dios mismo es quien está con nosotros allí dentro. Él sabe cómo hornear un pastel y no quiere que se queme. Solamente está perfeccionando nuestra paciencia y resistencia, debemos permitir que haga Su obra perfecta en nosotros. **"Mas tenga la paciencia su obra completa, para que seáis perfectos y cabales, sin que os falte cosa alguna" (Santiago 1:4).**

Lleva tiempo para que se cocine el pastel. También se necesita tiempo entre el momento en que sembramos una semilla y el día de la cosecha. Hay un período de crecimiento. Dios tiene un tiempo y una estación para responder a cada oración. Sería casi ridículo que encendiéramos el horno y nos paráramos delante casi treinta minutos mirando cómo se cocina el pastel. En ese tiempo podemos hacer otras cosas. Dios tiene los tiempos establecidos y cuando el marcador se apaga, es Su tiempo. Hay un tiempo y una estación Para cada cosa, así dice en Eclesiastés. Cuando el pastel sale del horno, tenemos la respuesta a nuestra oración. ¡Gloria a Dios! Cuando Dios responde una oración, siempre es más de lo que hemos pedido. Cuando dejamos las cosas para que suceder según Su tiempo, Él se encarga de poner el decorado al pastel. Y esa cobertura es algo más. Tenemos un Dios maravilloso. Él no se limita a un pastel común y corriente, sino que lo decora. No solamente recibimos las respuestas, y en abundancia, para que podemos compartir con otros. Nuestro pastel horneado será un motivo de fiesta. ¡Gloria a Dios!

Ahora veamos la receta y constatemos si tenemos todos los ingredientes.

La receta para oraciones respuestas
(de acuerdo con La Palabra de Dios)

Principio Bíblico	Ingredientes
reclamando	harina
confesión	leche o liquido
fe	polvo de hornear
obediencia y comunión	huevos
motivaciones	manteca
sabiduría	sal
alabanza	azúcar
ayuno	especias
equilibrio	bien mezcla
prueba	en el horno de cocción
paciencia y resistencia	tiempo
oración contestada	pastel terminado
superabundancia	el decorado al pastel
compartir con otros	fiesta

Necesitamos aliento, aun cuando fracasamos al hacer un pastel. No tenemos que abandonar todo sino simplemente prestar atención a la receta y comenzar otra vez. Si persistimos en añadir y quitar los elementos hasta encontrar cuál es el problema, lograremos por último el pastel horneado a punto, es decir, obtendremos la respuesta a nuestras oraciones.

Es evidente que sólo hemos abarcado una pequeña porción de la Palabra de Dios con esta parábola. Hay muchas otras cosas que podrían agregarse. Sin embargo, podemos ver que si seguimos el libro de recetas, que es la Palabra de Dios, alcanzaremos la respuesta a nuestras oraciones. Puede ser que algunas lleguen rápidamente y otras pueden tardar año, pero si seguimos la guía del Señor y dejamos que Él corrija nuestro camino, lograremos la victoria. Si guardamos una actitud de humildad ante el Señor y le permitimos a Él mostrarnos si estamos fuera de equilibrio en algunas áreas, podremos ser exitosos.

"Padre, venimos a ti en el precioso nombre de Jesús, agradeciéndote por tu amor hacia nosotros. Señor, ves las áreas que están fuera de equilibrio en nuestra vida. Te pedimos que las reveles a nosotros y nos ayudes a caminar por sendas de justicia y en tu santo equilibrio. Líbranos del error y de todo lo que es abominación para ti. En este día, sana nuestro espíritu, nuestra alma y nuestro cuerpo para que podamos servirte caminando en una vida cristiana victoriosa. Haz que nuestra luz brille para que otros verdaderamente puedan ver tu amor en nosotros. Oramos en el nombre de Jesús. Amen."

Nota Posterior

Los Miller están muy contentos de recibir correo de sus lectores; sin embargo, no les es posible responder a todas las cartas personalmente dado el volumen de correo que reciben. Ellos estarán encantados de orar junto con los intercesores de todos los que les escriben con una petición de oración, aunque no dan asesoramiento ya que ellos creen que esto debe ser dirigido a los pastores locales como se describe en las Escrituras.

Christ Unlimited Ministries, Inc. es una corporación 501(c) (3) de iglesia sin fines de lucro. Todas las contribuciones son deducibles de impuestos. Agradecemos sus oraciones, estímulos y apoyo. La compra de este libro nos hace posible el poder compartir copias gratis de la Biblia, literatura de enseñanza, materiales de video y audio con ministros en países del tercer mundo, quienes de otra manera no serían capaces de comprar el material.

"El Señor le dio la palabra: era grande la compañía de aquellos que lo publicó" (Salmo 68:11).

Para Estudio Adicional

Este libro fue tomado de un curso de estudio de la Biblia llamado **La Series Sobreponiéndose a la Vida**. Toda la serie es una "caja de herramientas espiritual" virtual, ya que cubre una multitud de temas que cada cristiano enfrenta en su caminar con Dios. También responde preguntas que muchos creyentes tienen concerniente al movimiento actual con Dios. Esto es tratado con un enfoque equilibrado y dentro de la luz de las Escrituras. El pueblo de Dios no debe vivir frustrado, derrotado en la vida, sino que han de ser ¡victoriosos vencedores! Para un estudio más profundo, cada uno de estos libros tiene un cuaderno de trabajo disponible en versión impresa. También se enumeran a continuación libros adicionales escritos por Betty Miller.

Títulos de libros en la
SERIE SOBREPONIÉNDOSE A LA VIDA:

EXAMINA TODO (La Serie Sobreponiéndose a la Vida – Libro 1) - Cristo advirtió que la gran decepción sería uno de los signos de los tiempos finales. Se ofrecen pautas claras Bíblicas para discernir entre el Espíritu de la verdad y el espíritu del error. El libro trata sobre cómo juzgar sin ser crítico. *(Disponible en Impresión, PDF y Kindle, ¡Un libro de trabajo correspondiente estará disponible pronto!)*

EL VERDADERO DIOS (La Serie Sobreponiéndose a la Vida – Libro 2) - Esta es una enseñanza sobre el carácter de Dios, explicando por qué Dios hace ciertas cosas, y por qué está en contra de su naturaleza el hacer otras cosas. Diferencia entre las cosas por las que Dios es responsable y las cosas por las que el diablo es responsable. Nuestra responsabilidad como cristianos destinados a superarnos nos hace claro para que podamos vivir vidas victoriosas. *(Disponible en Impresión, PDF y Kindle, ¡Un libro de trabajo correspondiente estará disponible pronto!)*

LA VOLUNTAD DE DIOS (La Serie Sobreponiéndose a la Vida – Libro 3) - Esta lección nos enseña no sólo cómo conocer la voluntad de Dios en nuestra vida personal, en la familia, en el ministerio y en las finanzas, pero también trae consigo la comprensión de por qué Dios permite el pecado, la enfermedad y el sufrimiento en el mundo. Como vencedores, nosotros los cristianos no deberíamos de estar sufriendo debido a muchas cosas que hemos aceptado como normales. *(Disponible en Impresión, PDF y Kindle, ¡Un libro de trabajo correspondiente estará disponible pronto!)*

LAS LLAVES DEL REINO (La Serie Sobreponiéndose a la Vida – Libro 4) - Las instrucción sobre cómo ganar autoridad en el Reino de Dios a través de la oración es el tema de este libro. Muchos de los principios y métodos de la oración están cubiertos en este libro, tales como la oración en el Espíritu, el ayuno y el rezo, oración de dolor, alabanza, intercesión y guerra espiritual. *(Disponible en Impresión, PDF y Kindle, ¡Un libro de trabajo correspondiente estará disponible pronto!)*

LA DESCRIPCIÓN Y ANDANZAS DE SATANÁS (La Serie Sobreponiéndose a la Vida – Libro 5) - Este libro es una poderosa exhibición de los trucos, tácticas y de las mentiras de Satanás. Los métodos de cultos y métodos ocultistas se enumeran para que así los cristianos puedan detectar sus actividades. Se discute la actividad del demonio, la liberación y la expulsión de demonios es tratado en detalle. Se pone al descubierto el reinado de Satanás y se le enseña al cristiano a superarse por medio del discernimiento espiritual la lucha. *(Disponible en Impresión, PDF y Kindle, ¡Un libro de trabajo correspondiente estará disponible pronto!)*

LA CURACIÓN DEL ESPÍRITU, ALMA Y CUERPO (La Serie Sobreponiéndose a la Vida – Libro 6) - Este libro enseña cómo combatir los problemas emocionales, tanto como los físicos, y como recibir las curación divina. También enseña como renovar la mente carnal y caminar dentro del espíritu de la vida, superando así la depresión, soledad y el temor. *(Disponible en Impresión, PDF y Kindle, ¡Un libro de trabajo correspondiente estará disponible pronto!)*

NI HOMBRE NI MUJER (La Serie Sobreponiéndose a la Vida – Libro 7) - ¿Cuál es el papel de la mujer dentro de la iglesia y el hogar? ¿Quién es la guía espiritual de la mujer, y quien le protege? ¿Llama Dios a la mujer al ministerio de los cinco oficios ministeriales? ¿Qué nos dice la palabra de Dios sobre el divorcio, celibato, y como escoger a una pareja para el matrimonio? Estos y otros tópicos relacionados a la mujer son bíblicamente examinados. *(Disponible en Impresión, PDF y Kindle, ¡Un libro de trabajo correspondiente estará disponible pronto!)*

¿EXTREMOS O EQUILIBRADO? (La Serie Sobreponiéndose a la Vida – Libro 8) - Muchos cristianos han dañado la causa de Cristo a través de enseñanzas y manifestaciones "fuera de balance". Este libro ensena como evitar esas áreas. También trata sabiamente sobre los excesos y extremos en el cuerpo de Cristo. *(Disponible en Impresión, PDF y Kindle, ¡Un libro de trabajo correspondiente estará disponible pronto!)*

LA SENDA HACIA LA VIDA VICTORIOSA (La Serie Sobreponiéndose a la Vida – Libro 9) - Este libro contiene respuestas a preguntas que enfrenta un vencedor al sentir la presión del gran llamado en Jesucristo. ¿Cómo podemos ser conformados a la imagen de Cristo? ¿Cómo funciona el Espíritu Santo con los vencedores al final de los tiempos? ¿Cuáles son las recompensas de los vencedores? *(Disponible en Impresión, PDF y Kindle, ¡Un libro de trabajo correspondiente estará disponible pronto!)*

Títulos de libros en la
LA SERIE DE LOS TIEMPOS FINALES:

GUERRA ESPIRITUAL PERSONAL (La Serie Los Tiempos Finales – Libro 1) - Explica el mundo invisible de las fuerzas espirituales que influyen en nuestras vidas y cómo el bien puede prevalecer sobre el mal a nuestro alrededor mientras nos preparamos para la nueva era del reino que ha de venir. Este libro le ayudará a superar los problemas en sus finanzas, el matrimonio, las presiones emocionales de temor, enojo y dolor. Estas son las claves de la victoria a través de la guerra espiritual. *(Disponible en impresión, PDF y Kindle)*

MARCA DE DIOS O MARCA DE LA BESTIA (La Serie Los Tiempos Finales – Libro 2) - Mucho se ha escrito y dicho acerca de la marca de la bestia, pero poco se ha dicho acerca de la marca de Dios. ¿Qué significa el 666 y que es esta misteriosa marca? ¿Cómo se vincula con el mundo de las finanzas? ¿Ha comenzado ya esta marca? Este libro responde a muchas preguntas acerca de la marca de la bestia y la marca de Dios, y cómo afectan a los cristianos. *(Disponible en Impresión, PDF y Kindle)*

MATERIAL DEVOCIONAL:

SABIDURÍA DE DIOS PARA LA VIDA DIARIA - La sabiduría de Dios para la vida diaria por Betty Miller es un devocional de 365 días basado completamente en el libro de Proverbios. Este libro único es algo más que un devocional diario; sino que también es una serie de mini-enseñanzas, que te ayuda a estudiar y meditar en la Palabra de Dios. Proverbios revela la Sabiduría de Dios, y nos ayuda a saber cómo hacer frente a los problemas cotidianos a los que todos nos enfrentamos. Este libro en particular nos da consejos piadosos en el área de las relaciones, el matrimonio, la educación de niños, manejo de dinero, problemas de salud, y decenas de otros temas y cosas oscuras que, por la curiosidad de la gente, han deseado saber. La Biblia es un regalo de Dios a la humanidad, y el regalo de Betty Miller de la enseñanza ayuda a los que tienen corazones que buscan obtener este conocimiento y aplicarlo a su vida diaria. El devocional tarda sólo 5 minutos al día para leer, pero la sustancia persistirá con usted todo el día. Vea el comentario de un lector abajo. *(Disponible en Impresión y Kindle, disponible pronto en Aplicación Móvil.)*

Muchos de estos libros se han redactado, pero ninguno se compara con el de Betty Miller. Esto realmente es un diario de referencia esencial y fuente de inspiración para cualquier persona que quiera estar más cerca de Dios. Ella tiene una increíble conexión con el Espíritu Santo ya que sus palabras parecen penetrar en el alma del lector. He estado leyendo este libro de manera intermitente durante años y siempre descubro algo nuevo que yo no había visto antes, no importa cuántas veces lo he leído. También es una excelente guía para enseñar y aconsejar a otros. ¡Muy recomendable! - C. A.

Si este libro te ha bendecido, nos encantaría seguir dándote ministerio a través de nuestra página web. Si usted busca artículos adicionales, materiales de estudio, respuestas de la Biblia, apoyo en oración, u otros materiales de recursos bíblicos visitarnos hoy.

www.BibleResources.org

Christ Unlimited Ministries, Inc.
P.O. Box 850
Dewey, AZ 86327
U.S.A.

Propósito y Visión

"Id, pues, y haced discípulos a todas las naciones, bautizándolos en el nombre del Padre, y del Hijo, y del Espíritu Santo, enseñándoles que guarden todas las cosas que os he mandado: y he aquí yo estoy con vosotros todos los días, hasta el fin del mundo. Amén" (Mateo 28: 19-20).

El Cristo ilimitado no es "otra denominación", secta, o simplemente un grupo separado. Es un brazo del Cuerpo de Cristo-la Iglesia de Jesucristo, que ha sido llamado a fortalecer el Cuerpo en general. También creemos que hemos sido llamados para ayudar a establecer el Reino de Dios en la tierra.

El Cristo Ilimitado está involucrado con todos los cristianos creyentes en la Biblia, independientemente de su iglesia o afiliación o denominación y que están comprometidos a ayudar siempre que sea posible en evangelizaciones y en enseñanza de acercamiento.

El Cristo Ilimitado cree que el tiempo se está acabando y el evangelio no ha sido predicado a toda criatura. Muchas naciones no han escuchado el Evangelio, y en muchos lugares, las puertas para la evangelización se están cerrando. Creemos que es hora de que todos los cristianos cooperen con el Señor en la rotura de las paredes de la denominación en una línea de frente único contra el reino de la oscuridad y en el establecimiento del Reino del Señor Jesucristo por el poder del Espíritu Santo.

El Cristo Ilimitado ofrece herramientas para permitir a los santos de Dios a establecer el Reino de Dios en la tierra. Alentamos los grupos de guerreros de la oración que oren, ayunen, e intercedan por las naciones. Esto, creemos, es el arma número uno. Enseñamos a los creyentes la manera de superarse a través de la guerra espiritual y por medio de saber cómo utilizar su autoridad en Cristo Jesús por medio de la Palabra y el poder del Espíritu Santo.

Los cristianos necesitan saber cómo reducir las fuerzas de la oscuridad en sus propias vidas y en las vidas de aquellos a quienes ministran. Proporcionamos herramientas tales como Biblias, literatura, libros sobre Cristo Ilimitados y un ministerio de oración en línea. Publicamos el Evangelio a través de cualquier medio de comunicación, incluido Internet, vídeos, así como literatura. Tenemos seminarios de enseñanza, escuelas Bíblicas, y cursos por correspondencia, todo ello encaminado para ganar almas para Cristo y la construcción del Cuerpo de Cristo en la madurez.

Bud y Betty Miller sirven al Señor juntos como fundadores del ministerio de alcance multi-visionario de Cristo Ilimitado. Los alcances de este ministerio se han originado a partir de un gran deseo de que la Palabra de Dios sea enseñada en su totalidad equilibrada. Los Miller son firmes creyentes en la oración y, a través de la oración, han visto a muchos haber sido liberados de la esclavitud del temor, del fracaso y de la derrota.

Los alcances de Cristo Ilimitado están en obediencia a las palabras de nuestro Señor. **"Id por todo el mundo y predicad el evangelio a toda criatura" (Marcos 16:15).** Este mandato del Señor representa un desafío para nuestra generación ya que como un estimado del 25 por ciento de la población mundial todavía no ha oído las Buenas Nuevas de Jesucristo.

El ministerio de Cristo Ilimitado también se dedica a la enseñanza de la Palabra de Dios. **Oseas 4: 6** nos dice, **"Mi pueblo fue destruido porque le faltó conocimiento".** Muchos cristianos están llevando vidas derrotadas, simplemente porque no conocen la Palabra de Dios en toda su plenitud.

El Ministerio de Cristo Ilimitado ha provisto para aquellos que desean conocer la Palabra de Dios de una forma mayor. El principal objetivo de la enseñanza y la literatura se dirige a "Cómo poder ser un vencedor". En los últimos días, tenemos que estar preparados para superar los ataques de Satanás. Muchos cristianos están sufriendo innecesariamente, porque no saben cómo superar la enfermedad, la depresión, el divorcio, el temor y el fracaso financiero. El Ministerio de Cristo Ilimitado proporciona respuestas para las familias con problemas, así como capacitación a los trabajadores para el servicio.

Si te gustaría participar en traer libre de las enseñanzas de la Biblia a misioneros en todo el mundo, ganar almas para Cristo,
y construir el cuerpo de Cristo a la madurez, se convierten en un socio en este esfuerzo de hoy.

Convertirse en un socio en línea en BibleResources.org

o

Convertirse en un socio por contribuciones al correo:
Christ Unlimited Ministries
P.O. Box 850
Dewey, AZ 86327

CHRIST UNLIMITED MINISTRIES es una sin fines de lucro, exenta de
impuestos Iglesia, bajo sección 501(c)(3) del código tributario.
Todas las contribuciones son deducibles de impuestos.